1710

Das Buch

»Mein Name ist Juri Zipit. Ich bin zwölfeinhalb Jahre alt und lebe in einer Personalwohnung im Hauptstadtzoo gleich gegenüber vom Seelöwenteich hinter der Bisonweide, direkt neben dem Elefantengehege. Mein Papa ist Doktor Roman Alexandrowitsch Zipit, Professor für Veterinärmedizin, Fachgebiet Neurologie der Großhirnrinde, also ein Spezialist für alles, was im Kopf der Tiere schiefgehen kann. Als ich sechseinviertel Jahre alt war, passierte mir das größte Pech. Ein Milchwagen ist von hinten in mich reingerumst. Hat mich durch die Luft gepfeffert, bis ich auf den Boden geknallt bin, Kopf voran aufs Kopfsteinpflaster. Dann kam hinterrücks die Straßenbahn und ist über mich rüber. So was hinterlässt einen bleibenden Eindruck. Ich möchte Ihnen erzählen, wie ich einmal ein paar Wochen im Zentrum der Macht verbracht habe. Es waren höchst vertrauliche Angelegenheiten und dubiose Ereignisse, die zu düsteren Geschehnissen führten. Geheimnisse versteckt in der Geschichte. Ich baue auf Ihr Schweigen. Außerdem will ich Sie beschützen. Zu Ihrer eigenen Sicherheit. Also, psssst.«

Der Autor

Christopher Wilson studierte und erforschte die Psychologie des Humors und lehrte zehn Jahre lang an der Goldsmiths Universität in London. Er unterrichtet kreatives Schreiben in Gefängnissen, an der Universität und für die Arvon Foundation. Christopher Wilson lebt in London.

Der Übersetzer

Bernhard Robben, geboren 1955, lebt in Brunne/Brandenburg und übersetzt aus dem Englischen, u. a. Salman Rushdie, Peter Carey, Ian McEwan, Patricia Highsmith und Philip Roth. 2003 wurde er mit dem Übersetzerpreis der Stiftung Kunst und Kultur des Landes NRW ausgezeichnet, 2013 mit dem Ledig-Rowohlt-Preis für sein Lebenswerk geehrt.

Christopher
Wilson

DIE ABSOLUT WAHRE GESCHICHTE VON JURI DEM VORKOSTER

ROMAN

*Aus dem Englischen
von Bernhard Robben*

Kiepenheuer
& Witsch

Aus Verantwortung für die Umwelt hat sich der
Verlag Kiepenheuer & Witsch zu einer nachhaltigen
Buchproduktion verpflichtet. Der bewusste Umgang mit
unseren Ressourcen, der Schutz unseres Klimas und der Natur
gehören zu unseren obersten Unternehmenszielen.

Gemeinsam mit unseren Partnern und Lieferanten setzen
wir uns für eine klimaneutrale Buchproduktion ein, die den
Erwerb von Klimazertifikaten zur Kompensation des CO_2-
Ausstoßes einschließt.

Weitere Informationen finden Sie unter:
www.klimaneutralerverlag.de

Verlag Kiepenheuer & Witsch, FSC® N001512

1. Auflage 2021

Titel der Originalausgabe: The Zoo
© 2017 by Christopher Wilson
All rights reserved
Aus dem Englischen von Bernhard Robben
© 2018, 2021, Verlag Kiepenheuer & Witsch, Köln
Alle Rechte vorbehalten. Kein Teil des Werkes darf in
irgendeiner Form (durch Fotografie, Mikrofilm oder ein
anderes Verfahren) ohne schriftliche Genehmigung des
Verlages reproduziert oder unter Verwendung elektronischer
Systeme verarbeitet, vervielfältigt oder verbreitet werden.
Umschlaggestaltung: Barbara Thoben, Köln
Umschlagabbildungen: © akg-images / arkivi
Hintergrund: © Jaroslav Machacek / stock.adobe.com
Gesetzt aus der Whitman und der Atrament
Satz: Buch-Werkstatt GmbH, Bad Aibling
Druck und Bindung: CPI books GmbH, Leck
ISBN 978-3-462-05421-7

Für Fiona, Sophie und Ben

Die *Hoffnung* ist das Federding,
das in der Seel' sich birgt
und Weisen ohne Worte singt
und niemals müde wird.

Emily Dickinson

Mit großem Dank an Jonny Geller,
Louisa Joyner und Kate Cooper.

1. Bis zum Anschlag in Geschichte

Hauptstadt, 1954

Mein Klassenlehrer, Genosse Professor Michail Michailow, sagt, in Amerika gibt's Eis in hundertsiebenunddreißig verschiedenen Geschmacksrichtungen und dreihundertsechsundsiebzig verschiedene Automodelle. Hier, in der Union der Sozialistischen Sowjetrepubliken, gibt's nur fünf Automodelle. Alle schwarz. Und Eis schmeckt nach Eis oder nach Schokolade.

Aber sei's drum, in den kapitalistischen Vereinigten Staaten werden Menschen verachtet, vor allem Schwarze, und die Filme handeln bloß davon, wie man reicher als der Nachbar wird, Showgirls küsst und Ausländer abmurkst. Sogar die Komödien. Für uns hier im Vaterland gibt es dagegen Kameradschaft, Gerechtigkeit für alle, Freiheit für alle und dieses andere tolle Dings, das mit einem »S« anfängt und mit »ismus« aufhört. Außerdem noch die Sache mit »ologie« am Ende. Und das sogar für Tschechen und Aserbaidschaner. Manchmal selbst für Zigeuner. Oder für Juden. Also weiß ich für meinen Teil, welches das bessere Land ist für Leute und welches fürs Geld.

★

Nennen Sie mich Juri. Auch wenn ich auf viele Namen höre, auf *Juri Neunfinger* zum Beispiel oder auf *Juri der Bekenner* oder *Juri der Unsterbliche*, aber der vollständige, offizielle Name lautet Juri Romanowitsch Zipit.

Ich bin zwölfeinhalb Jahre alt und lebe in einer Personalwohnung im Hauptstadtzoo gleich gegenüber vom Seelöwenteich hinter der Bisonweide, direkt neben dem Elefantengehege; und ich spiele gern Klavier, bin aber kein Sergei Rachmaninow, weil nämlich mein rechter Arm verkümmert ist und steif. Deshalb spiele ich meist nur Einhandstücke, wie sie für jene Armee der einarmigen Veteranen geschrieben wurden, die im Großen Vaterländischen Krieg eines ihrer Gliedmaße fürs Vaterland hergegeben haben.

Ich bin in der Fußballmannschaft der unter Dreizehnjährigen, also bei den Juniorpionieren, bin aber kein Lew Jaschin und spiele vierte Reserve, weil ich humple und meine Beine mich nicht rennen lassen, deshalb hole ich immer die Wasserflaschen. Ich bin gut in Biologie, bin aber auch kein Iwan Pawlow.

Ich bin beschädigt. Aber nur mein Körper. Und der Verstand. Nicht die Seele, die ist stark und ungebrochen.

Als ich sechseinviertel Jahre alt war, hatte ich das größte Pech. Ich ging gerade über die Jermilowastraße, als ein Milchwagen von hinten in mich reingerumst ist. Hat mich kopsibolter durch die Luft gepfeffert, bis ich auf den Boden geknallt bin, Kopf voran aufs Kopfsteinpflaster. Dann kam hinterrücks die Straßenbahn und ist über mich rüber.

So was hinterlässt einen bleibenden Eindruck.

Aber Papa ermuntert mich immer, das Beste aus meinem Mistgeschick zu machen. Er sagt »In jeder Wand findet sich eine Tür« und: »Was dich nicht umbringt, macht dich stärker.«

Wenn man sich bei ihm beklagt, egal wegen was – eine Ungerechtigkeit, Maden im Haferbrei, ein Hieb auf die Nase in der Schule oder weil man sich ein Bein gebrochen oder fünfzig Kopeken verloren hat –, sagt er: »Tja, da hast du noch Glück gehabt. Es gibt Schlimmeres im Leben.«

Wie sich herausstellt, hat er zu drei Viertel recht. Mit der Zeit sind die Stücke im Kopf wieder zusammengewachsen, offene Wunden verheilt, Knochen wurden gerichtet. Die Beine sind wieder gesund, im Großen und Ganzen jedenfalls, nur ein paar Brüche in meinem Hirn sind geblieben, die meisten in der Denkecke, weshalb ich auch keine klare Erinnerung dran hab, was vorher war.

In meiner Erinnerung gibt es also immer noch ein paar Löcher. Ich benutze falsche Wörter, kann die richtigen nicht finden oder krieg ihre wahre Bedeutung nicht zu fassen. Fakten fliegen zum Fenster raus; Gefühle gerinnen wie saure Sahne. Die Sinne verknoten sich, und dann fällt es mir schwer, mein Wissen zu entwirren. Konzentrieren fällt mir auch nicht leicht.

Außerdem heule ich manchmal ohne Grund. Na ja, ich schluchz eben vor Trauer. Hin und wieder wird mir auch schwindlig, und ich fall vornüber. Oder ich sehe helle Lichtblitze – in Orange, Gold und Purpur – und rieche komisches, ekliges Zeugs – verbranntes Haar, eingelegten Hering, Karbolsäure, Achselschweiß oder faule Zitronen. Danach werde ich bewusstlos. Mir wurde gesagt, ich zapple dann auf dem Boden, sabbere, und gelber Rotz läuft mir aus der Nase. So ist das, wenn ich einen Anfall habe. Hinterher kann ich mich an nichts erinnern, aber es gibt neue blaue Flecken, was gut ist, denn so erinnert sich mein Körper an das, was mein Hirn vergessen hat. Manchmal muss ich mir auch eine andere Hose anziehen, meist gleich sofort.

Ich bin also eher langsam und vergesslich. Nur in Spiel und Freizeit nicht – beim Schiffeversenken, Hängt-die-Faschisten, bei Schach oder Dame –, darin bin ich super, denn da liegt alles, was ich wissen muss, sichtbar und offen vor mir, weshalb ich einfach spielen kann, ohne mich erinnern zu müssen, was Donnerstagmorgen war, wie viele Seiten ein Dodekaeder hat, wie man Xanthippe buchstabiert oder wie die Hauptstadt von Usbekistan heißt.

Und so, sagt mein Papa, ist das Trottelige schön im Gleichgewicht mit meiner Cleverness. Ein *Pochemuchka* nennt er mich, ein Kind, das zu viele Fragen stellt, ein Quasselmaul ohne Bremse an der Klappe.

Außerdem hab ich noch ein Problem, und das ist der unglückselige Anblick von meinem Gesicht.

Leute starren mich an. Mein Gesicht. Und dann sehen sie was, was gar nicht da ist.

Sie beglotzen mich, stieren wie ein Tier im Scheinwerferlicht. Sie grinsen, ich grinse zurück, und ehe wir es uns versehen, quatschen wir und sind verloren; alles ist dann zu spät.

Papa sagt, die Leute können nichts dafür. Sie sehen das Mitgefühl in meinem Gesicht, finden Herzensgüte in meinen Augen, lesen Freundschaft aus dem Schlitz meines lächelnden Mundes.

Und ist das zu fassen? Sie glauben, mir läge was an ihnen. Obwohl sie totale, absolute, hundertprozentige Fremde sind. Sie denken, sie kennen mich. Von irgendwoher. Nur woher, das wissen sie nicht mehr.

Papa sagt, mein Aussehen ist ein Betrüger, ein schamloser Lügner. Er sagt, dass ich – auch wenn ich in vieler Hinsicht ein gutes Kind bin, sehr freundlich – nicht halb so gut bin, wie mein Gesicht es andeutet.

Papa sagt, mein Gesicht sei eine Laune der Vererbung, da sich zwei gewöhnliche Eltern zusammengetan haben und was Extremes und Auffälliges dabei herausgekommen ist. Ähnliches kennt man von Motten, Orchideen und mexikanischen Schwanzlurchen.

Er sagt, mein Gesicht sei das Beste an mir, geradezu preisverdächtig. Er sagt, mein Lächeln sei unbeschwert und offen, mein Gesicht nett mit regelmäßigen Zügen, der Blick direkt, aber sanft, was mir ein liebes, fürsorgliches Aussehen verleihe. Das allerfreundlichste Gesicht, das man sich nur wünschen kann; ein Gesicht, das jeden zu lieben scheint, der es anschaut.

Papa sagt, es sei ein Gesicht wie gemalt vom italienischen Künstler Sandro Botticelli, hätte der einen Engel von seiner besten Seite zeigen wollen, wie der sich gerade beim lieben Gott einschmeichelt.

Es macht mir Ärger, mein mitfühlendes, weit offenes, lächelndes Gesicht. Papa sagt, ich hätte eine wahrhafte Begabung dafür, mich unnötig und leichtsinnig in die privaten Angelegenheiten anderer Leute einzumischen.

Außerdem stellt er fest, dass ich trottelig bin.

Blöder als blöd.

Und dass ich rede, ohne erst nachzudenken.

»Pssst …«, sagt er ständig. »Blödmann.«

Er sagt, als mein Kopf auf die Pflastersteine der Jermilowastraße knallte, sei jedes Fitzelchen Furcht aus mir herausgeschüttelt worden. Jetzt sind meine Frontallappen komplett leer, sagt er. Mein gesunder Menschenverstand verschwand gleich danach. Dicht gefolgt von meinem Taktgefühl, dann von meinen Hemmungen.

Natürlich gibt es eine Bezeichnung für meinen Zustand. Ich leide an *Impulsivität*, hervorgerufen durch ein *zerebrales Trauma*. Was nur heißen soll, dass ich viel rede, mich viel bewege, jede Menge Fragen stelle, mich rasch entscheide und aus einer Laune heraus handle, neue Lösungen für Probleme finde, ohne nachzudenken, Unhöfliches sage und Leute unterbreche, wenn sie sich irren, dass ich ständig mit Sachen rausplatze, immer wieder meine Meinung ändere, komische Tiergeräusche von mir gebe, viel Gefühl zeige, schnell ungeduldig werde und überraschend agiere. Damit bin ich wie andere Leute, nur wie viele andere Leute in einem.

Und ich freunde mich schnell an. Mit Menschen und mit Tieren. Ich rede gern. Mit allen und allem, mehr oder weniger. Und ich lerne gerne neue Tiere kennen. Vor allem Exemplare einer Rasse, mit der ich bislang noch nicht das Glück hatte, reden zu können.

Ich helfe gern. Selbst Fremden. Schließlich sind wir alle Kumpel und Genossen, auf der Welt, um uns gegenseitig zu helfen und irgendwie miteinander klarzukommen.

Insbesondere provoziere ich, was man *Leute-erzählen-mir-zu-viel-von-sich* nennen könnte, *auch-wenn's-geheim-und-beschämend-ist,* *Dinge-betrifft,* *die-man-nie-hören-wollte-oder-zu-hören-erwartete* und *womöglich-ein-gut-ge-hütetes-Geheimnis-sind, von-denen-keiner-der-Betroffenen-was-weiß.*

Wie eine *Beichte,* nur schlimmer.

Ein Magnet zieht Eisenspäne an, ich Geständnisse. Ganz stark. Aus allen Richtungen.

Ich brauche bloß mein Gesicht in der Öffentlichkeit zu zeigen, und völlig Fremde stellen sich in einer ordentlichen Reihe an wie in einer Warteschlange für *Kwas,* um mir ihre Geheimnisse ins Ohr zu träufeln.

Oft aber werden ihre Bekenntnisse widerlich.

»Ich bin ein nutzloser Alkoholiker«, sagt einer.

Oder: »Ich betrüge meine Frau jeden Donnerstagnachmittag mit der schielenden Ludmilla aus dem Farbendepot; ihre Brüste riechen nach Terpentin. Sie ist übrigens die Frau meines Bruders ...«

Oder: »Ich habe Igor Willodin umgebracht, habe ihm den Schädel mit einem Spaten eingeschlagen ...«

Oder: »Ich war das, der die Briefmarken aus dem Safe im Büro der Fahrradfabrik geklaut hat ...«

Manchmal laufen sie schamrot an. Gelegentlich schluchzen sie auch, ziehen schreckliche Grimassen oder fuchteln wie wild mit ihren Händen.

Dann muss ich sagen: »Tut mir leid ..., aber Sie verwechseln mich mit meinem Gesicht. Das ist viel freundlicher, als ich es bin, nur kann man ihm nicht trauen ... Natürlich mag ich Sie ..., aber ich kann mich nicht den Problemen von allen Menschen annehmen. Nicht immerzu. Ich habe mein eigenes junges Leben zu leben.«

»Außerdem«, sage ich, »müssen Sie sich keine Sorgen machen. Alles in allem gesehen stehen die Dinge nie so schlecht, wie man meint ... Was geschehen ist, ist geschehen. Was einen nicht umbringt, macht einen härter. In jeder Wand findet sich eine Tür. Machen Sie das Beste aus Ihrem Mistgeschick. Man ist, wer man ist, in diesem Leben, und man ist anders als alle anderen. Ein anderes Leben als dieses gibt es nicht, also muss man sich zusammenreißen und weitermachen.«

Tante Natascha sagt, wie Raskolnikow in *Schuld und Sühne* will jeder in seinem Leben etwas gestehen, weil sie verstanden werden und Vergebung finden wollen.

Und seit Lenin Gott abgeschafft hat – gelobet sei der Herr, möge er in Frieden ruhen –, müssen sie sich wen anders suchen, einen, der ihnen näher ist.

Also entscheiden sie sich für mich.

Ich ermuntere zu Geständnissen, sagt Tante Natascha, weil ich so freundlich bin und mein Gesicht eine sanftmütige Liebenswürdigkeit verrät, die den Menschen alles vergibt.

Und dann sagt sie, dass sie Onkel Iwan verachtet, weil der ein Perversling ist, einer der schlimmsten Sorte, versucht er doch immer, sie zu küssen und seine Hand unter ihren Rock zu schieben, um ihr Dingsdabumsda zu begrabschen; außerdem will er sie Tag und Nacht pudern und pimpern, in jedem Zimmer im Haus, weshalb sie sich wünscht, er wäre tot.

Wenn man mich fragt, was mein Lieblingsessen ist, antworte ich: polnische Schweinswürste mit Butterkohl und in Gänseschmalz gebratene Kartoffeln. Ich gebe es zu. Als Beilage dazu noch geschmorte Zwiebeln. Schön wär's. Dazu Wildpilze mit einem Schlag saure Sahne. Und zum Nachtisch Blaubeeren mit Eiscreme. Träumen darf man ja.

Hätte ich die Wahl, würde ich zu absolut jedem Essen Birkensaft oder Kirschnektar trinken. Meine Lieblingsfarbe ist Rot, denn das ist die Farbe der Begeisterung, die Farbe von Samstag, der Revolution, unserer Fahne und die der Fußballshirts von Dynamo Hauptstadt. Mein Lieblingsspieler ist Torhüter Lew Iwanowitsch Jaschin, die Schwarze Spinne, mein Namenstag der achtzehnte November und mein Hobby, wilde Tiere zu studieren. Ich bin Mitglied im Junior-Biologen-Klub vom Hauptstadtzoo. Mein liebstes Tier im Zoo ist der Braunbär *(Ursus arctos)* und mein liebstes Nagetier die Severtzov-Birkenmaus *(Sicista severtzovi)*.

★

Mein Papa ist Doktor Roman Alexandrowitsch Zipit, Professor für Veterinärmedizin, Fachgebiet Neurologie der Großhirnrinde, also ein Spezialist für alles, was im Kopf der Tiere schiefgehen kann, jedenfalls solange sie ein Rückgrat haben und im Hauptstadtzoo leben.

Vielleicht haben Sie schon von ihm gehört. Sie kennen sicher sein Foto im *Progressiven Journal für sozialistische Neurologie.* Er ist in der Hauptstadt hoch angesehen, also in den Kreisen kranker Tiere und bekloppter Leute. Fast

jeder, der sich für Elefantenhirne interessiert, kennt seine Arbeiten.
Und weil er ein weltberühmter, allseits respektierter Veterinär ist, darf er so weltberühmte Tiere behandeln wie Graf Igor, den jonglierenden Tiger aus dem Staatszirkus, das Rennpferd Goldene Glinka und Genosse Schostakowitschs Foxterrier Tomka.
Aber ich prahle nie damit, dass ich der Sohn eines berühmten Mannes bin, denn Prahlen kommt vor dem Fall. Und Papa ist nichts Besonderes. Nicht dem Anschein nach, dem Aussehen. Jedenfalls fällt er rein äußerlich kaum auf. Man müsste schon seinen Kopf aufschrauben und mit einer Taschenlampe in die Tiefen seines fantastischen, riesigen Hirns leuchten, um das Besondere an ihm erkennen zu können. Begegnet man ihm daher auf der Straße, denkt man sich nichts dabei, bewundert höchstens seinen Übermantel mit dem Astrachankragen. Außerdem geht er gebückt, humpelt, hat eine Glatze und trägt einen muffigen Geruch mit sich rum, so einen teerigen Mief nach Pfeifentabak.

Das, was ich erzähle, ist alles wahr. Absolut, komplett, total wahr.
Fast.
Bis auf die paar Kleinigkeiten, die ich ändere. Ändern muss.
Aber nur, was Zeiten angeht, Orte, Namen und Ereignisse. Denn was folgt, sind ziemlich komplizierte und höchst

vertrauliche Angelegenheiten und dubiose Ereignisse, die zu düsteren Geschehnissen führen.

Geheimnisse versteckt in der Geschichte.

Ich baue auf Ihr Schweigen. Außerdem will ich Sie beschützen.

Zu Ihrer eigenen Sicherheit.

Also, psssst.

Es könnte Ihnen schaden, wenn Sie hiervon erzählen, denn Sie dürfen nichts davon wissen. Überhaupt nichts. Bleiben Sie daher lieber stumm wie ein Fisch. Und blind wie ein Maulwurf.

Selbst heute verstehe ich nicht alles. Um es verstehen zu können, müsste man Georgisch wie ein Einheimischer reden und dreckige Witze wie ein mingrelischer Geheimdienstler erzählen können; außerdem sollte man ein Taschenmesser mit Griff aus Rentierhorn und extra Spezial-Dosenöffner besitzen, sollte zwei Flaschen Pfefferwodka trinken, dabei aber nüchtern bleiben können und Facharzt für Neurologie sowie ein hohes Mitglied im Politbüro mit einem Doktortitel in Meuchelmord sein.

Dinge stecken verborgen in anderen Dingen wie Puppen in Puppen. Es geht um Mord, Medizin und Theater, ums Kochen und Jonglieren, um Ränkespiel und Rollenspiel, um Elefanten und das Schicksal, all dies in einem Krimi, einer Gangsterstory, umwickelt mit mehreren Lagen Lügen, in eine Pappschachtel gestopft und weggesperrt in den Schrank unter der Treppe.

★

Die Ereignisse, über die ich schreibe, begannen vor einem Jahr in Karasowo unweit der Hauptstadt, als Papa und ich mitten in der Nacht aus dem Haus geschleppt und zu sehr wichtigen Leuten gebracht wurden.

Wichtiger als wichtig, möcht ich sagen.

Ungelogen.

Dazu gehörten unter anderem Joe, das Narbengesicht, Felix, der Jongleur, Alexei, der Schauspieler, Lew, Georgi, Nikita, Nikolai, Matriona, die Magd, und Kackgesicht Erik.

Aber lassen Sie sich nicht so leicht ins Bockshorn jagen, denn natürlich sind dies nicht ihre echten, richtigen Namen. Die zu nennen wäre gefährlich. Dasselbe gilt für Orte. Aber auch für andere Sachen.

Glauben Sie mir.

Und es gibt außerdem noch mehrere Personen und Titel, die ich nicht einmal nennen darf – den Gärtner des menschlichen Glücks zum Beispiel, den Ingenieur der menschlichen Seele, den Ersten Generalsekretär, Vizepremier, Diensthabenden, Marschall der slawischen Union, Pawel, den Torhüter, und *Wieheißternoch*.

Verbringt man seine Zeit mit unnennbaren, hochrangigen Leuten, versinkt man nur allzu bald in der Kacke, in der Güllegrube der Politik. Verzeihen Sie mein Bulgarisch. Ehe man es sich versieht, steckt man bis zum Anschlag in Problemen, bis zum Hals in Geschichte.

Lassen Sie mich daher die Ratschläge meines Papas an Sie weitergeben:

*Hock nicht so krumm da. Lächle keine Fremden an,
man könnte das falsch verstehen. Wir leben in schweren Zeiten. Sei gewarnt. Putz dir die Nase, wenn sie
tropft. Sei aufmerksam. Plappere nicht wie ein wild ge-
wordener Affe. Denk an deine Manieren. Bleib auf der
Hut. Schlurf nicht beim Gehen. Putz dir die Zähne, morgens und abends. Leg dich früh schlafen, wenn immer
du kannst. Halt den Kopf gesenkt. Zieh frische Unterwäsche an. Trau keinem Fremden. Mach um Himmels
willen die Tür zu. Halt den Rand. Bei unangenehmen
Fragen stell dich doof. Geh zum Klo, so oft wie möglich.
Du weißt nie, wann sich die nächste Gelegenheit ergibt.
Schwafle nicht wie ein hirnloser Idiot. Und vor allem,
rede nie über Politik oder gebe deine Meinung zum Besten, ohne vorher nachzudenken.*

Papa sagt, Stille sei das Lied unserer Zeit und »pssst« ihre
Moral.
Am besten sei es, über das Offensichtliche oder das, was
jeder weiß, gar nicht erst zu reden.
Wir leben in einer Welt, die das Schweigen verhätschelt
und das Stumme liebt.
Unsere Nationalhymne ist die atemlose Ruhe.
Er sagt, wenn du schon deinen Mund aufmachen musst,
solltest du dir sicher sein, dass das, was du sagst, so glatt
und schlicht wie eine gekochte Nudel ist und vom Zen-
tralkomitee abgesegnet, in der *Die tägliche Wahrheit* veröffentlicht oder in den Fünfjahresplan aufgenommen wurde.
Gelobt sei der Mann aus Stahl, der nette Onkel, der Vater
unseres Landes.

Und vor allem erzähl keine Witze.

Ganz besonders folgenden nicht:

**Frage: Was hat tausend Beine und isst Kartoffeln?
Antwort: Die Warteschlange vorm Metzger.**

Denn genau dieser Jux hat Gennadi Scharikow elf Jahre im Arbeitslager eingebracht. Lohnt sich also nicht, ihn zu erzählen. Jedenfalls nicht auf lange Sicht. Nur um sich in der Straßenbahn die Zeit mit einem Fremden zu vertreiben, der erst lächelt und dich dann verhaftet. Denn man weiß ja nie, mit wem man redet. Es könnte ein Oberst in Zivil vom Volkskommissariat des Innern sein. Und auch Wände haben Ohren. Hunger ist außerdem nicht lustig. Und es ist gemein, über anderer Leute Unglück und du-weißt-schon-was zu reden.

Was geschah, war alles sehr *dialektisch*, ein Wort, das keine ausländische Sprache meint, sondern widersprüchliche Kräfte, die aufeinanderprallen – wie zwei Hirsche, die sich wegen einer Kuh die Köpfe einrennen. Irgendwas muss da nachgeben. Und hinterher ist nichts wie vorher. Papa sagt, so funktioniert Geschichte, vor allem slawische Geschichte, weil sich hier die Dinge im Handumdrehen von schlecht zu schlechter und von schlechter zu schlimmer geht's nicht entwickeln können, und es fällt nicht leicht, tief und fest zu schlafen, genug zu essen oder wasserdichte, schneefeste Stiefel zu besorgen, auch wenn Aufregung, kalte Füße und Hunger zum Ausgleich sozialistische Musik, großartige Gemälde des sozialistischen Realismus und heroische Literatur hervorbringen können. Alles zum Lobe der Partei. Alles eine Huldigung des Stählernen.

★

Übrigens liebe ich es, neue Wörter zu benutzen wie *dialektisch, epizentral, Duodenum, diagonal, monströs, Scharlatanerie* oder *infinitesimal,* um damit dann wie verrückt um mich zu werfen, bestimmt eine Woche lang, bis sie ihren Glanz verlieren und ganz *fatigant* und *desinteressant* werden.

Aber glauben Sie mir, was folgt, ist so wahr, so unappetitlich und unauslöschlich wie das rote Geburtsmal auf meiner rechten Pobacke, von dem Papa behauptet, es sähe bis aufs Haar genauso aus wie der junge Genosse Lenin im Profil, Gesicht nach links.

2. Hermann der Hunne

Ich wurde 1940 geboren, als dunkle Wolken aufzogen; neun Monate, ehe Hermann der Hunne in unser Vaterland einfiel. Trotzdem, sagt Papa, sollten wir deshalb nicht gleich sämtliche Fritze hassen, sondern bloß den Nazi-Abschaum, diese verbrecherischen Anhänger von Ihr-wisst-schon-wer, die hauptstädtischen, hegemonistischen Dingenskirchens, die Kriegstreiber, Faschisten und Imperialisten, nicht die anständigen Feld-und-Wiesen-Fritzen, die Gaffer und Kartoffelköpfe, unsere proletarischen Hunnenbrüder.

Er sagt, wir dürfen nicht vergessen, dass es viele gute Deutsche gab, sogar ein paar große, kreuz und quer durch die Geschichte versprenkelt – Dichter, Wissenschaftler und Künstler, selbst normale Menschen –, die nie, nicht ein einziges Mal, in die Sowjetunion einmarschiert sind, unsere Ernte verbrannt, unsere Städte zerbombt, unsere Häuser geplündert, unsere Frauen vergewaltigt und unser Volk abgeschlachtet haben.

Papa kann aus dem Effeff haufenweise Namen guter Deutscher runterrattern, mindestens einen für jeden Finger an beiden Händen – Leute wie Mozart, Luther, Marx, Goethe, Engels, Beethoven, Kant und wen-weiß-ich noch –, nur merk ich bald, dass die meist längst tot sind.

Wir wohnen im Personalgebäude vom Hauptstadtzoo,

zwei Stockwerke mit geschnitzten Fensterläden, schickem Giebel und einem langen Balkon überm Eingangstor mit Blick auf den Teich. Im Haus gibt es sechs Wohnungen. Drei auf jedem wie-heißt-das-Wort-noch-mal?

So sind die Wärter, Aufseher und Pfleger immer vor Ort und können sich Tag und Nacht um die Tiere kümmern. Auch während des Großen Vaterländischen Krieges haben wir ausnahmslos unseren Beitrag geleistet, selbst die Tiere, und der Zoo blieb auch bei den schwersten Bombenangriffen geöffnet. Und weil die Tiere oft verletzt wurden, von Schrapnellen oder herabfallendem Mauerwerk, war Papa als Hauptveterinär ständig im Dienst.

Manchmal aber blieb nichts weiter zu tun, als zur Pistole zu greifen und das verletzte Tier von seinem Elend zu erlösen. Danach war es nur noch ein blutender Kadaver, der auf dem Rücken lag, die gespreizten Beine steif in die Höhe. Da es aber eine Sünde ist, während einer Hungersnot gutes Essen verkommen zu lassen, fingen wir an, das Fleisch zu verteilen. Das Personal bekam was ab, ebenso die Fleischfresser, unter anderem die großen Katzen. Und wir genossen einige seltene Delikatessen, die dem Rest der Hauptstadt nicht vergönnt waren, Salamander-Souvlaki etwa, mit Kohl gefüllter Lemur, gegrilltes Nabelschwein mit wildem Meerrettich oder Löwenschenkel, keine traditionellen slawischen Gerichte, sondern völlig neu für die sozialistische Küche. Auch wenn das Fleisch oft sehnig und zäh war und die Gerichte nur selten so köstlich schmeckten, wie sie klangen, waren sie meist doch besser als altes Roggenbrot und kalter Hirseeintopf. Papa sagt, den mutigsten, tapfersten Tieren wie den Löwen und Bären haben die Bomben meist nicht viel ausgemacht, aber die Strauße, Waschbären, Bisons, Rehe und Hirsche, die haben sich jedes Mal fast zu Tode erschreckt. Die Affen wurden außerdem mit der Verdunklung nicht fertig, heulten und kreischten immerzu ganz erbärmlich und hatten Angst vor der Düsternis, da sie klug genug waren, die Schwärze mit ihren Fantasien zu füllen.

1944 haben die Deutschen eine Bombe aufs Maschinenhaus abgeworfen und den Generator in die Luft gesprengt, weshalb das Personal und die Mitglieder des Junior-Biologen-Klubs die empfindsamsten Tiere, also jene, die am meisten auf die Wärme angewiesen sind, mit nach Hause genommen haben und manchmal mit ihnen das Nachtlager teilen mussten. Aus diesem Grund lag ich nachts mit Petra, dem Tigerbaby, im Bett, mit Fjodor, dem verwaisten Otter, mehreren tropischen Reptilien und einer Babyziege, die so flink und geschickt war, dass sie vom Kaminsims auf den Bilderrahmen springen und darauf stehen bleiben konnte.

Außerdem kann ich mit Gewissheit festhalten, dass sie alle weder sauber noch stubenrein waren. Wie oft bin ich im Dunkeln wach geworden, weil die Matratze feucht war, dabei bin ich es nicht gewesen, der ins Bett gepinkelt hat. Und die Fußbodendielen waren oft rutschig und glitschig. Einmal hat der Fritz Brandbomben abgeworfen, und eine davon ist im Gehege von Schango, dem Elefanten, gelandet. Er raste auf und ab, trompetete laut vor Wut, und weil er das schreckliche Zischen und den aufsteigenden Rauch nicht mochte, beschloss er, die Bombe tief in den schlammigen Grund zu trampeln.

Die tägliche Wahrheit brachte daraufhin einen Artikel mit der Schlagzeile: *Genosse Elefant löscht Brand fürs Vaterland*, ein aufschlussreicher Artikel, der allen Lesern zeigen sollte, dass selbst die Zootiere ihren Teil bei den Kriegsanstrengungen leisteten. Für seinen außergewöhnlichen Beitrag zur Brandbekämpfung bekam Schango den Alexander-Newski-Orden verliehen, eine bronzene Medaille an rotem Band mit gelben Streifen, getragen auf der rechten Brust. Er ist höher angesehen als der Kriegsverdienstorden, obwohl er einem mürrischen, unkameradschaftlichen Elefanten verliehen wurde, der mit seinem Rüssel Scheiße auf die Besucher regnen lässt oder ihnen damit Steine an den Kopf wirft.

Heute leben nur noch Papa und ich in unserem Apartment. Wir haben zwei Schlafzimmer, ein Wohnzimmer und eine Küche für uns allein, weil Papa Professor und Chefarzt ist und weil die Behörden das zweite Schlafzimmer nicht wieder vermietet haben, nachdem der stellvertretende Veterinärbeamte Gregor Malenkow an einer Bushaltestelle was Falsches gesagt hatte und daraufhin in ein Lager bei Kolyma geschickt worden war.

Mama ist Ärztin. Ich war fünf Jahre alt, als sie uns ganz plötzlich verließ. Das geschah vor meinem Unfall, weshalb ich in meinem Kopf keine deutlichen Bilder mehr von ihr habe. Allerdings gibt es sieben Fotos, die uns zusammen zeigen. Sie hat darauf blondes welliges Haar, breite Lippen und eine große hübsche Nase. Meist lacht sie. Oft fasst sie mich an, hält mich in den Armen, und später, als ich schon älter war, umklammert sie meine Hand oder umarmt mich. Papa fehlt meist auf den Fotos, oder er steht mürrisch am Rand. Ich frage mich oft, wie anders das Leben wohl wäre, wenn sie noch mit uns zusammenleben würde.

Papa sagte, sie sei nach Norden gereist, um bei wichtigen medizinischen Forschungen zu helfen, und käme erst in ein paar Jahren zurück. Außerdem würde sie uns nicht oft schreiben können, hätte uns beide aber immer noch sehr lieb.

In meiner Schule hat Andrei Maximow mir allerdings erzählt, das Volkskommissariat des Innern habe Mama wegen gesellschaftlich gefährlichem Dies-oder-das verhaftet und zu acht Jahren Arbeit in einem Lager bei Kolyma verurteilt. Er weiß das, weil sein Onkel Modest am selben Tag verhaftet wurde und im Freiheit-und-Frieden-Gefängnis in einer Nachbarzelle saß; anschließend hat man ihm zwölf Jahre wegen schlichtweg rein gar nichts aufgebrummt. Wegen niente, null-komma-gar-nüscht.

So ist das Leben. Man weiß einfach nicht, was man glauben soll, obwohl doch jeder weiß, für *nichts* kriegt man mindestens gleich neun aufgebrummt.

Andrei sagt, die Polizei sei gekommen, um einen Nachbarn zu verhaften. Weil diese bestimmte Person aber außer Haus war, haben sie nebenan geklopft und stattdessen Onkel Modest verhaftet. Nur um ihr Soll vollzukriegen.

Manchmal wünsche ich mir, Papa würde eine von seinen drei Freundinnen bitten, bei uns zu wohnen, weil dann alle glücklicher wären. Denn auch wenn er über die meisten Dinge viel zu viel weiß, kann er doch nicht gut kochen; es fehlt an Wärme, Gewürz und Geschmack. Und die Wäsche ist auch nie mehr so glatt, trocken und weiß wie früher. Er mag ja ein guter Vater sein, aber es fällt ihm nicht leicht, Gefühle zu zeigen, weshalb er oft unwirsch wirkt, steif, distanziert und mit feuchten Augen gerade dann rumläuft, wenn er sich richtig um mich kümmern müsste.

Anna, Genossin Elefantenkustodin, besucht uns am häufigsten, meist Dienstags- und Freitagsabend. Sie kocht was Warmes, fragt mich nach meinen Schularbeiten, nach meinen Freunden, näht Risse in meinen Kleidern und stopft Löcher in den Socken. Gehe ich ins Bett, bleiben sie und Papa noch auf und diskutieren Dickhäuterpolitik.

Anschließend fläzen sie sich auf dem Sofa und werden zum Pärchen, jeder mit jedem. Da wird poussiert und geturtelt, gestreichelt, gegrunzt und gekeucht, was irgendwann in ein rhythmisches Geräusch wie gedämpftes Hämmern übergeht. Gegen Ende entfährt Genossin Anna manchmal ein lang gezogener Laut, der wie das Gebell von einem Seelöwen klingt, der sich unvermutet über einen Hering freut, was alle Tiere rundum einen Moment lang zur Ruhe kommen lässt. Und die Nacht erstarrt, um zu lauschen, still und stumm.

Solang ich mich erinnern kann, stehen zwei gepackte Koffer in unserem Flur; der eine ist für Papa, der andere für mich. Sie stehen im rechten Winkel zueinander, und dazwischen sind ein paar Meter Platz, woraus ich schließe, dass wir beide, sollten sie einmal gebraucht werden, nicht zusammen verreisen.

Er hat mir gesagt, würde er je aus irgendeinem Grund plötzlich verschwinden müssen, sollte ich meinen Koffer nehmen und auf der Stelle und unabhängig von ihm zu Tante Nataschas Wohnung in der Galinkostraße fahren. Und ich soll nur mit ihr reden, mit niemandem sonst. Er sagt, in den Koffern seien Kleider, Seife, eine Zahnbürste, Kleinkram und Geld. Und noch ein bisschen was Persönliches, aber auch ein paar Familiendinge. Er sagt, was wofür ist, würde ich schon verstehen, wenn die Zeit gekommen sei, allerdings dürfe ich den Koffer niemals vorher öffnen.

Papa sagt, für den Umgang mit Fremden und passend zur heutigen Zeit müsse ich fünf neue Gebote auswendig lernen.

Denk nicht.
Musst du denken, rede nicht.
Musst du denken und reden, schreibe nicht.
Musst du denken, reden und schreiben,
unterschreibe nichts.
Musst du denken, reden, schreiben und
unterschreiben, wundere dich nicht.

Es ist halb acht abends, und es ist dunkel. Die Wölfe stimmen den Abendchor an, rufen nach den Wärtern, die ihnen ihr Futter bringen sollen. Die Gibbons kreischen sich den neusten Affentratsch zu.

Papa und ich sitzen am Kieferntisch in der Küche und essen mit rohen, geraspelten Zwiebeln bestreute Makkaroni.

Wenn doch alle Zwiebeln so lecker wären – rot geädert, süß, scharf und säuerlich. Da tränen einem die Augen nur vom Ansehen.

Es klopft so heftig an die Tür zu unserer Wohnung, dass Holz von den Scharnieren splittert. Ich flitze in den Flur, um unseren ungeduldigen Besuchern aufzumachen.

Es stehen zwei Männer im Eingang, hell angeleuchtet von der nackten gelben Glühbirne auf dem Treppenabsatz. Der eine ist blass, hager und hässlich, der andere rosig, dick, verschwitzt und hässlich; Letzterer mit Ledermantel, und er keucht vom Treppensteigen.

»Wir sind wegen Genosse Professor Doktor Roman Alexandrowitsch Zipit hier«, sagt der Hagere.

»Wer ist da?«, ruft Papa.

»Zwei Leute vom Geheimdienst«, rufe ich über die Schulter zurück. »Die wollen zu *dir*. Ein Dicker außer Atem und ein Dürrer mit gelben Zähnen.«

Wären sie echte Geheimagenten und hätten sich, sagen wir, als versoffene Straßenkehrer oder stinkige Müllmänner verkleidet, könnten wir das natürlich nicht wissen, aber diese hier protzen mit ihren Klamotten, bevorzugen ausländische Sachen, die sie von Touristen konfisziert oder Schwarzmarkthändlern gestohlen haben, weshalb man sie sofort erkennt.

Ich höre, wie Papa den Teller beiseiteschiebt und vom Tisch aufsteht. Er bewegt sich langsam, bedächtig und kommt zur Tür, als hätte er genau diese Störung erwartet.

»Ja?«, fragt er zögerlich und muss zweimal schlucken.

»Wir sind vom Ministerium für Staatssicherheit, Genosse. Sie kommen sofort mit uns.«

»Aber ich habe nichts getan«, protestiert mein Vater. »Gar nichts ...«; er verstummt. Seiner Stimme ist plötzlich ein leiser Zweifel anzumerken, so als hätte er sich gerade daran erinnert, doch, vielleicht, vor einiger Zeit, mal etwas getan zu haben.

Was sich von selbst versteht. Sogar Kinder wissen das. Irgendwann hat jeder irgendwas getan. Und wenn man auch nur eine Kleinigkeit gestohlen, ungefragt geredet, ein bisschen gelogen oder was nicht zugegeben hat. Letztlich aber kommt es nicht darauf an. Es heißt, die Staatssicherheit mache keine kleinlichen, persönlichen Unterschiede, für sie ist jeder verdächtig und jeder Verdächtige schuldig.

»Wir wissen alles über Sie.«

»Ach ja?«, fragt Papa.

»Ja«, sagt der Hagere mit Stahlbrille, ein dünnes Lächeln um die rattengelben Zähne. »Wir wissen, wen Sie geheiratet haben. Wir kennen Ihre Studienzeugnisse. Wir wissen, was Sie für Arbeiten geschrieben haben, kennen Ihre Körpergröße, Ihr Gewicht und Ihr Alter.«

»Wir kennen Ihre Blutgruppe«, sagt der Rosige, Verschwitzte, »den Geruch Ihrer Fürze, den Zustand Ihrer Zähne, Ihr Verdauungsproblem, Ihre sexuellen Vorlieben und wissen über Ihr Rumgefummel im Dunkeln Bescheid. Wir wissen sogar, was auf der Konferenz in Smolensk gelaufen ist, im Zimmer 147, mit der Dermatologin ...«

»Ach ja?«, fragt Papa und läuft dunkelrot an. Er klingt besiegt, resigniert.

»Aber jetzt werden Sie gebraucht«, sagt Rosig & Verschwitzt. »Sie werden dringend gebraucht. Um einen Patienten zu behandeln.«

»Was für einen Patienten?«, fragt Papa.

»Das dürfen wir Ihnen nicht sagen«, antwortet Stahlbrille.

»Das brauchen Sie nicht zu wissen«, sagt Ledermantel.

»Ich muss Instrumente mitnehmen, Medizin«, sagt Vater.

»Sie erklären mir also lieber, um welche Spezies es sich handelt, und geben mir eine ungefähre Vorstellung von dem Problem, das mich erwartet.«

»*Spezies?*«, fragt der Schmallippige.

»Was für ein Tier«, sagt Vater und breitet hilflos die Arme aus. »Was soll ich behandeln? Ein Reptil, einen Vogel, ein Säugetier?«

»Wir veranstalten hier kein Quiz, sondern befehlen Ihnen, Ihre Pflicht zu tun.« Stahlbrille raschelt mit einem gelben Blatt Papier. »Sie lassen jetzt alles stehen und liegen und begleiten uns.« Mit einem Stirnrunzeln sieht er mich an und wedelt mit der Hand, um mich fortzuscheuchen, so wie man einen Hund in seine Ecke schickt.

Der andere beäugt mich mit gerunzelter Stirn und zieht so seine Schlüsse.

Ich sehe die Beule in seiner Manteltasche. Man erkennt sofort, dass er eine Waffe trägt.

»Erschießen Sie Leute?«, frage ich. »Oft?«

»Pssst«, sagt er.

»Mit Ihrem Revolver?«, erkläre ich. »Mit dem da in Ihrer Tasche.« Ich zeige darauf.

Er runzelt wieder die Stirn.

»Ein Nagant?«, frage ich, »ein M1895?«

Der Nagant ist ein alter siebenschüssiger Revolver mit Spannabzug und hohem Abzugswiderstand. Es heißt, er sei besonders bei der Geheimpolizei beliebt.

»Haben Sie den Lauf gekürzt?«, frage ich, denn das wird oft gemacht.

Er sagt »Pssst«, dreht sich zu Papa um und fragt: »Ist dieses unerwünschte Geräusch, dieser grinsende Schwachkopf, Ihr Sohn?«

»Der Junge meint es nicht böse, er weiß es nur nicht besser.«

»Warum lächelt er uns an, als ob er uns mag?«

»Ja, was hat das zu bedeuten?«, fragt der Dicke.

»Hält er uns für seine *Freunde?*«, fragt der Dürre.

»Er hat einen traumatischen Hirnschaden«, antwortet Papa. »Von einem Unfall. Und er hat Anfälle. Ich darf ihn nicht allein lassen, weil er nicht auf sich aufpassen kann.«
Ich werde rot, als ich so zum Idioten abgestempelt werde. So plötzlich, so ohne Vorwarnung. Die beiden Männer blicken sich an, ohne zu lächeln.

»Anfälle?«

»Er leidet an Epilepsie, aber er trägt meine Instrumente«, sagt Vater. »Ich habe ihn zu meinem Assistenten ausgebildet. Er mag ein Idiot sein, doch ist er ein nützlicher Idiot. Ohne ihn könnte ich nicht arbeiten.«

Auf diese Weise erhalte ich mein Freifahrtticket für die Fahrt mit Papa. Also huschen wir hinaus in die tintenschwarze Nacht und den tröpfelnden Regen, gefolgt von zwei Geheimagenten, ich mit Papas extragroßer, superguter Ledertasche voller Instrumente für alle Eventualitäten, da wir nicht wissen, ob wir eine Maus, ein Nashorn oder wer-weiß-was behandeln müssen. Kaum durch die Personenschleuse und auf dem Bürgersteig, kommen zwei Polizisten in Uniform, legen uns eine Hand auf den

Rücken und dirigieren uns zu einem großen schwarzen Auto am Straßenrand.

Und jetzt raten Sie mal.

Echt ungelogen.

Dieses Auto ist eines von *denen.* Ja, genau, ein SIS-110, sechs Liter Hubraum, acht Zylinder, über hundertvierzig PS. Höchstgeschwindigkeit hundertsechzig. Dreiganggetriebe, den Rückwärtsgang nicht mitgerechnet. Blinker und elektrische Scheibenwischer. Dieser Wagen ist so gut, dass die Amerikaner die Pläne geklaut haben, um danach ihren Packard Super-Eight zu bauen.

Wir fahren im Konvoi. Vorn ein GAS-12 SIM, dahinter ein GAS-M20 Pobeda, eine Parade der sozialistischen, slawischen Topklasse-Limousinen.

Bald brausen wir dahin, in westlicher Richtung vorbei am Pobedy-Park, Scheinwerfer auf Fernlicht und mit vollem Karacho über rote Ampeln. Als wären wir superwichtige Leute auf einer spätabendlichen Geheimmission.

3. Bis zum Hals in Politik

Papas rasselnder, flacher Atem verrät seine Angst, auch die Art, wie er sich auf diesen dicken, lederbezogenen Sitzen an mich lehnt, wie er meine Hand in seinen heißen, feuchten Griff nimmt und meine Finger drückt, weil er glaubt, mich so festzuhalten.

Der Wagen grollt auf und brummt vor sich hin, sobald Gas gegeben wird. Wir fahren viele Minuten. Schließlich liegen die Häuser der Hauptstadt hinter uns. Wald erstreckt sich auf beiden Seiten der unbeleuchteten Straße. Über dem Rand einer hohen waldgrün gestrichenen Holzwand ragen Beobachtungstürme auf. Dann halten wir vor einem Eisengittertor. Wachposten stieren durch die Autofenster, blenden uns, als sie mit Taschenlampen in unsere verkniffenen, verschreckten Gesichter leuchten.

Es gibt eine Auffahrt zu diesem zweistöckigen Anwesen, ein langes, offiziell wirkendes Gebäude, doch verrät kein Schild, ob es ein Krankenhaus, eine Kaserne, eine Schule, ein Büro oder was auch immer ist.

Vor dem gewölbten Eingang stehen zwei finster dreinblickende, pelzbemützte, Säbel tragende Wachen in Wintermänteln mit goldenen Knöpfen und Lederstiefeln so blitzblank wie Spiegel. Es wird salutiert, gemurmelt, Hacken werden aneinandergeschlagen und Papiere unterschrieben, während uns die Staatssicherheit wie ein unerwünschtes Paket in die Obhut eines dicken, besorgt wirkenden, glatzköpfigen Mannes in Matrosenuniform mit Lenin-Orden am Revers übergibt. Dann führt man uns in eine große holzverkleidete Halle, anschließend durch einen langen, mit Parkett ausgelegten Flur.

Wir werden eilends in ein kleines Zimmer gebracht. Die schwere Holztür fällt hinter uns ins Schloss. Wir sind allein. Es gibt einen Schreibtisch mit einem Stuhl davor, ein Sofa und einen niedrigen Tisch mit einem Stapel Papiere. Neben einem kleinen, viereckigen Gitterfenster ist ein Waschbecken mit einem stählernen Handtuchhalter samt frischem weißem Handtuch.

Auf dem Tisch sehe ich eine Stange Herzegowina-Flor-Zigaretten, einen großen weißen Aschenbecher aus Porzellan mit einer Kirschholzpfeife wie die von Onkel Vlad, eine hellgrüne Glasflasche mit Borjomi-Mineralwasser und ein Trinkglas, ein dickes Buch mit dem Titel *Pharao* von Bolesław Prus, daneben ein Exemplar von *Die Kampfgeschichte der 2. Gardepanzerarmee von Kursk bis Berlin: Band 1: Januar 1943 – Juni 1944*, aufgeschlagen auf Seite 103.

Wir wagen es nicht, uns hinzusetzen. Nicht in diesem Zimmer einer sicher hochgestellten Person.

»Wer wohnt denn hier?«, flüstere ich.

»Psst ...« Papa zuckt die Achseln und hält einen Finger an die Lippen.

»Es stinkt ...«, sage ich. »Nach Pfeifentabak, Holzpolitur, Socken und Achselschweiß.«

»Psst.« Papa schüttelt den Kopf, blinzelt und stöhnt.

Die Tür geht auf. Der besorgte Mann huscht hektisch herein, wuselig wie eine wütende Wespe.

»Beeilung«, sagt er. »Schnell, schnell.« Er klatscht in die Hände. »Sie dürfen den Stellvertreter nicht warten lassen. Kommen Sie, kommen Sie. Tempo, Tempo.«

Dann hasteten wir den Flur entlang zu einer weiteren Tür. Der besorgte Mann geht raus, die Tür schließt sich hinter uns.

Das ist alles ziemlich verrückt, denn obwohl wir fünfzig Meter über den Flur und um eine Ecke gelaufen sind, sind wir zurück in dem Zimmer, das wir gerade verlassen haben. Ganz genau das gleiche Zimmer. Die gleichen Wände. Dieselbe Farbe. Dieselbe Größe, der gleiche Teppich. Der gleiche emaillierte Lampenschirm. Das gleiche Bild von den getreuen Arbeitern der Heldenhaften Traktorfabrik. Der gleiche Schreibtisch mit Stuhl, ein Sofa und ein niedriger Tisch mit einem Stapel Papiere. Neben einem kleinen viereckigen Gitterfenster ein Waschbecken mit einem stählernen Handtuchhalter samt frischem weißem Handtuch.

Auf dem Tisch eine Stange Herzegowina-Flor-Zigaretten, ein großer weißer Aschenbecher aus Porzellan mit einer Kirschholzpfeife wie die von Onkel Vlad, eine hellgrüne Glasflasche mit Borjomi-Mineralwasser sowie ein Trinkglas, ein dickes Buch mit dem Titel *Pharao* von Bolesław Prus, daneben ein Exemplar von *Die Kampfgeschichte der 2. Gardepanzerarmee von Kursk bis Berlin: Band 1: Januar 1943 – Juni 1944*, aufgeschlagen auf Seite 103.

Nur sind wir diesmal nicht allein. Ein recht kleiner, fülliger Mann wäscht sich am Becken die Hände. Erst bewundern wir seinen Rücken, muskulös wie der eines Ringkämpfers, sodass sich der Saum der eng sitzenden Jacke spannt. Während er sich umdreht und die Hände am Handtuch abtrocknet, sehen wir ein fülliges rundes blassgelbes Gesicht mit vorquellenden Augen hinter einem randlosen Zwicker. Rund um den kahlen Kopf wachsen kurze silbrige Haare. Er trägt einen schimmernden hellblauen Anzug, ein weißes Hemd und einen roten Schlips und riecht ziemlich streng nach Rasierwasser. Die Hände sind weiß und plump, die Nägel blitzsauber.

Er mustert uns mit eisiger Enttäuschung, so als wären wir sein Mittagessen, aber nicht das Gericht seiner Wahl.

Irgendwo habe ich schon mal ein Bild von ihm gesehen. Vielleicht in den Nachrichten oder in einer Zeitung. Er sieht eigenartig aus. Sicher ist er ein bekannter Schauspieler oder ein berühmter Zirkusclown.

Mir kommen mehrere Fragen, die ich ihm stellen will. Und sie kommen holterdiepolter alle auf einmal.

»Sind Sie berühmt? Sind Sie ein Zwerg?«, frage ich. »Oder nur sehr klein? Was ist das für ein Geruch? Benutzen Sie Frauenparfüm? Wieso fällt diese Brille nicht von der Nase?«

Er aber schüttelt nur in gequältem, augenrollendem Schweigen den Kopf.

Papa tritt mich gegens Schienenbein, unser Geheimzeichen dafür, dass ich den Mund halten soll.

»Sie sind Doktor Roman Alexandrowitsch Zipit? Und dieser grinsende Trottel mit losem Mundwerk ist Ihr einfältiger Sohn Juri, Ihr Assistent?«

»Ganz genau, Genosse«, erwidert Papa.

»Wissen Sie, wer ich bin?«

Vater schweigt, dann flüstert er leise, unterwürfig, als

wollte er ein gefährliches Tier besänftigen: »Ich denke, Sie könnten der Erste Stellvertretende Ministerpräsident und Innenminister Bruhah sein.«

»Vielleicht«, gibt der Unbekannte zu. »Doch wenn ich dieser Mensch wäre, müssen Sie vergessen, mir jemals begegnet zu sein.«

»Das muss ich.«

»Absolut.« Genosse Bruhah-oder-auch-nicht schüttelt Papas Hand. »Ich grüße Sie, Genosse. Wir sind uns nie begegnet, weder jetzt noch jemals.«

Papa zuckt wortlos die Achseln und zieht ein dummes, maulfeiles Grinsegesicht.

»Und doch werden Sie sich fragen, warum Sie hier sind … Aus überhaupt keinem Grund … Um niemanden zu treffen … an einem Ort, den es nicht gibt … mitten in der Nacht …«

Wie ein Fisch im Aquarium schluckt Papa nur stumm.

»Sie sind hier, um einen Genossen zu behandeln.«

»Einen Menschen?«, fragt Papa. »Eine Person?«

»Ja.«

»Kein Tier?«

»Absolut nicht«, erwidert Bruhah-oder-auch-nicht. »Alle Vertreter der Führungsriege unseres Landes sind Menschen, nur wenige ausgenommen, und diese wenigen sind ihnen aber so ähnlich, dass man den Unterschied kaum bemerkt …«

»Ach so, aber ich bin *Veterinär*«, sagt Papa und klingt gut gelaunt, nun, da er ein Schlupfloch entdeckt hat. »Es tut mir leid, aber ich kann Ihnen nicht helfen. Ich habe mich auf Säugetiere spezialisiert, auf Elefanten und große Huftiere. Sie sollten sich an einen Arzt wenden, einen Arzt für *Menschen*.«

»Ärzten kann man nicht trauen.«

»Nein?«

»Viele davon sind *Kosmopoliten* ...«

»Kosmopoliten?«

»Juden. *Zionistische Nationalisten,* die meisten amerikanische Spione. Es gibt eine Verschwörung gegen die Führungsriege unseres Landes, weshalb gerade viele Verhaftungen stattfinden. Sie werden in Kürze darüber in der Presse lesen.«

»Das wusste ich nicht ...«

»Dieser Patient jedenfalls vertraut sich nur der Obhut von *Tierärzten* an ...«

»Ach ja?« Papa runzelt die Stirn.

»Tierärzte haben nämlich eine vollständige und gründliche medizinische Ausbildung, sind aber frei von Verrat, bourgeoisen Tendenzen sowie kosmopolitischen Angewohnheiten und meist auch in keine Verschwörung gegen die Führungsriege verwickelt.«

»Nein?« Diese Beschreibung seiner Zunft scheint Papa zu überraschen.

»Ich denke, Sie werden den Patienten kennen.«

»Ja?«

»Ja. Zumindest werden Sie erst glauben, ihn zu kennen, aber das wäre abwegig und gefährlich, also wird Ihnen schlagartig bewusst, dass Sie ihn nie zuvor gesehen und keine Ahnung haben, wer er sein könnte, da er mit keinem Menschen Ähnlichkeit hat, den Sie kennen. Nicht die geringste.«

»Nein?«, sagt Papa.

»Er ist nämlich wirklich ein sehr großes Säugetier genau der Art, auf die Sie spezialisiert sind. Und er ist überaus mächtig, sehr weise und auch sehr freundlich, falls er nicht gerade wütend wird. Und er vergisst nur selten, vergibt niemals.«

»Tja, dann …«, lenkt Papa ein. »Aber dürfte ich zuerst seine Krankenvorgeschichte sehen?«

»Dieser Patient hat keine Vorgeschichte.«

»Aber jeder Mensch hat eine Vorgeschichte«, protestiert Papa. »Allein schon, weil er geboren wurde.«

»Der Genosse ist ein Elefant, der eine äußerst hohe Stellung einnimmt. Besäße er eine medizinische Vorgeschichte, wäre er krank gewesen, und das könnte ihm als Schwäche ausgelegt werden, als ein Versagen seiner Macht und Vitalität, eine Begrenzung seiner Fähigkeiten.«

»Dennoch wären einige weitere Informationen von unschätzbarem Wert.«

»Sämtliche Unterlagen gingen vor einem Monat verloren oder wurden vernichtet. Außerdem hat es sie nie gegeben.«

»Und wer waren die Ärzte, die ihn früher behandelt haben? Sie werden sich doch wohl an ihn erinnern.«

»Leider gibt es diese Ärzte kaum noch. Sein Leibarzt war Marian Wowsi.«

»Wie kann ich ihn erreichen?«

»Nur schwerlich, da er tot ist. Er starb an Herzversagen. Hat die drängenden Fragen meiner wissbegierigen Kollegen nicht überlebt …«

»Und sonst gibt es niemanden?«
»Da wäre noch Professor Otinger.«
»Der Kardiologe?«
»Sitzt jetzt aber im Gefängnis. Außerdem hat sein Herz ebenfalls versagt.«
»Und seine Kollegen?«
»Auch die Doktoren Spielman, Groschtein und Kogan-Geiger befinden sich wegen strafrechtlicher Untersuchungen in Haft ...«
Er hörte sich an, als wäre der Arztberuf eine tödliche Krankheit.

Genosse Niemand-den-wir-kennen führt uns über den langen Korridor. Ein gemusterter endloser Teppich liegt über schimmerndem Parkettboden. Es riecht nach angebranntem Kohl und Bienenwachs. Wände und Decke sind mit nachgedunkeltem Holz verkleidet.
Nachdem wir etwa fünfzig Meter gegangen sind, bleiben wir vor einer Tür stehen.
Der Vielleicht-Innenminister klopft an die schwere, holzgetäfelte Tür. Als niemand antwortet, führt er uns ins Zimmer.
Natürlich ist es das gleiche Zimmer, jenes kleine Zimmer, das wir bereits erwartet und schon zweimal gesehen haben. Alles ist, wie es war – Waschbecken, Teppich, Lampe, Traktorfabrikgemälde, Tisch, Bücher, Zigaretten, Flasche Mineralwasser ...
Nur ist es diesmal wärmer, der Geruch voller, satter, und

es riecht nach warmem, klammem Bettzeug, nach Erbrochenem, chlorhaltigem Desinfektionsmittel und altem Pipi.

Der Patient liegt rücklings auf einem Sofa. Er trägt ein weißes Nachthemd, über die Knie hochgeschoben, die haarlosen Beine, weißlich mit blassblauem Schimmer, entblößt.

Die Augen sind geschlossen; er atmet flach, rasch, lässt ein regelmäßiges Schnarchen hören, rasselndes Einatmen, gefolgt von röchelndem Ausatmen. Das Gesicht ist grau, die Lippen sind dunkelrot.

Würde man mich fragen, ob ich ihn kenne, wäre ich mir nicht sicher, würde aber sagen, dass er eine starke Ähnlichkeit mit dem Mann aus Stahl hat.

Ja, auf gewisse Weise sieht er definitiv so aus wie …

Der Große Vater.

Der Nette Onkel Josef.

Der Stählerne.

Das Genie.

Der Wodsch.

Der Begeisterer.

Der Gärtner menschlichen Glücks.

Architekt der Freude.

Sammelbecken aller Hoffnung.

Er selbst, höchstpersönlich.

Generalsekretär der Kommunistischen Partei.

Retter unseres Landes.

Nur … *dieser* Kranke hat ein bös vernarbtes Gesicht und ist ein dürrer Hänfling mit einem steifen linken Arm.

Er hat ein müdes, fieses, faltiges, verschlagenes Gesicht,

wohingegen das glatthäutige Anlitz des Großen Vaters unseres Landes auf den vielen Plakaten stets eine ruhige, freundliche, vornehme Miene zeigt.

Also nehme ich an, dass der Kranke irgendwie verwandt ist und deshalb ein ähnliches Gesicht hat – der ältere Bruder des Stählernen, sein Vetter, vielleicht auch sein Vater.

Papa schnappt nach Luft. Er beugt sich über den Mann, blinzelt besorgt und schnüffelt am raschen, flachen Atem. Er legt den Kopf auf die Brust des Kranken, hört sein Herz ab, greift nach dem linken Handgelenk und beobachtet den Sekundenzeiger seiner Armbanduhr.

»*Sphygmomanometer*«, befiehlt er dann, und ich suche in seiner Ledertasche nach Quecksilbersäule und Blutdruckmanschette.

Papa beugt und streckt abwechselnd die vier Gliedmaßen des Mannes.

»Schreib auf, Genosse Assistent …« Papa reicht mir das Notizbuch und seinen Druckbleistift. Ich glaube, er versucht, meine Nützlichkeit und die Notwendigkeit meiner Anwesenheit zu beweisen.

»Mann, Identität unbekannt, geschätztes Alter: fünfundsiebzig«, diktiert er. »Keine auffälligen Merkmale … Nicht die geringsten … Pockennarben auf linker wie rechter Wange … Linker Arm steif, alte Verletzung, Muskeln und Gelenk beeinträchtigt. Kürzer als der rechte Arm. Schwimmhaut am linken Fuß zwischen zweiter und dritter Zehe … Eins fünfzig groß … Deutlich erhöhter Blutdruck. Herzrasen. Unregelmäßiger Kardiorhythmus … Schlechte Durchblutung von Zehen, Fingern, Gliedmaßen und Gesicht …«

Unter Papas Beobachtungen kritzle ich meinen eigenen Kommentar:

»Stinkt wie ein Ziegenbock.«

★

»Und?«, fragt Genosse Bruhah-oder-auch-nicht, als Papa schließlich zurücktritt und sich die Hände reibt, um anzudeuten, dass er die Untersuchung abgeschlossen hat. »Was sagen Sie zum Zustand des Patienten?«

»Nach meiner Meinung ...«, sagt Papa, »als *Chefveterinär des Hauptstadtzoos mit spezifischer Verantwortung für große Säugetiere, vor allem Huf- und Rüsseltiere, insbesondere Elefanten, afrikanische wie indische,* leidet der Patient unter Arteriosklerose, die ihrerseits die Blutzufuhr zu seinem Hirn beeinträchtigt. Wir dürfen also mit Schwindelanfällen rechnen, mit Gedächtnisverlust, schlechtem Konzentrationsvermögen, zeitweiliger Verwirrung sowie irrationalen Anfällen von Wut und Frustration. Über diesen chronischen Zustand hinaus hat dieser Mann kürzlich einen akuten ischämischen Anfall erlitten, gemeinhin auch leichter Schlaganfall genannt ... ausgelöst durch einen Blutpfropfen oder ein Blutgerinnsel im Hirn.

Momentan scheint der Zustand des Kranken stabil zu sein; er schwebt also in keiner unmittelbaren Gefahr ..., doch besteht natürlich immer das Risiko eines erneuten Anfalls, der dann vermutlich schwerwiegender, womöglich lebensbedrohend sein wird. Sedierung ist ratsam, unmittelbare Ruhe ... Arbeit und Anstrengung sollten vermieden werden ... Wäre der Patient ein Elefant im fortgeschrittenen Alter, würde ich behaupten, dass es schlecht um ihn steht und eine weitere Krise zu erwarten ist; da es sich aber um einen Menschen handelt, kann ich nichts Genaues sagen. Das Sterblichkeitsverhalten ist Spezies-spezifisch ... Fest steht nur, dass er *auf keinen Fall* rauchen sollte oder Alkohol zu sich nehmen darf ...«

Bei diesen Worten reißt der Patient die Augen weit auf und starrt Papa an. Er sieht aus, als hätte er die ganze Zeit zugehört und als gefiele ihm nicht, gesagt zu bekommen, was er zu tun oder welcher Vergnügungen er sich zu enthalten hat.

Der Kranke findet seine Stimme. Und er redet schnell, flüssig, vulgär.

Papa hat was gegen Schimpfworte. Nicht bloß, weil sie nicht nett sind, sondern weil sie ungenau sind, unvernünftig und eigentlich immer dasselbe aussagen. Außerdem sind sie unfreundlich, unkameradschaftlich, unsozialistisch und kein bisschen fortschrittlich. Zudem eine Beleidigung des menschlichen Verstandes.

Er sagt, Fluchen verzögert den Lauf der Geschichte, statt die Menschheit voranzubringen; außerdem schafft man sich damit Feinde und keine Freunde.

Papa sagt, man brauche die Schimpfworte bloß in normale Sprache zu übersetzen, um zu begreifen, wie wenig Sinn sie ergeben. Und wie unwissenschaftlich alles wird.

Ich kann mich nicht erinnern, welche schlimmen und noch schlimmeren Schimpfworte der Patient benutzt hat. Und in welcher Reihenfolge. Außerdem sind manche dabei, die ich noch nie gehört habe, weshalb ich ihre Bedeutung nur erraten kann. Jedenfalls ist es ein kläglicher Wörterhaufen, zusammengehalten von Lügen und Bedeutungslosigkeit …

Ich bin durchaus mit dem schlaffen Hintereingang Ihrer Mutter vertraut.

Sie verkauft sich am Bahnhof.

Ihre Weichteile sind von Minsk bis Smolensk allgemein bekannt.

Ihre Vagina ist größer als die Krubera-Höhle.

Verzeihen Sie meine allzu freie Übersetzung.

Seine Bemerkungen sind entweder maßlos übertrieben oder vollständig unwahr. Ich glaube, er will damit nur meinen armen Papa beleidigen.

Er redet von unserer lieben Oma Anya auf eine Weise, wie wir – ihre Familie – sie nicht in Erinnerung haben.

Papas Augen weiten sich; und er schluckt.

Der Patient knurrt: »Und Sie sind mir so fremd wie das Arschloch einer Sau … Was sind Sie überhaupt für ein Ziegenficker, Sie Schafe bumsender Kretin?«

Ich merke Papa an, wie sehr ihn die harsche Wende überrascht, die seine Konsultation genommen hat. Doch wer im Zoo mit Elefanten, Nilpferden und Nashörnern arbeitet, der ist es gewohnt, dass seine Patienten sich undankbar zeigen und spontane Ausraster schlimmsten Ausmaßes an den Tag legen.

Also bleibt Papa gefasst. Er nennt seinen Namen, den seines Vaters, seinen Beruf und sein Spezialgebiet, doch ist er seltsam blass geworden und spricht zögerlich, fast stotternd, woraufhin ihm der Patient antwortet:

»Zurück mit Ihnen auf Ihren Hof, Sie Quacksalber; ich lasse eine zweite Meinung einholen.«

Der Patient wendet den Blick von Papa ab und schaut flüchtig zu Bruhah-oder-auch-nicht hinüber.

»Sorg dafür, Lew, du *tröpfelnder Eselsarsch.*«

So der Patient, allerdings habe ich seine Anweisungen ein wenig umformuliert und manches weggelassen, um niemanden zu beleidigen, aber den ungefähren Ton können Sie sich nun bestimmt denken.

»Koba«, antwortet Bruhah, »jeder andere Mediziner wird dasselbe sagen.«

»Der behauptet doch, ich sei unfähig zu regieren. Dieser unverschämte Kosmopolit und zionistische Quacksalb...«

»Nein, Koba, er sagt, Sie haben einen Schlaganfall gehabt, also müssen Sie sich ausruhen.«

Dann dreht der Patient den Kopf, um mich anzusehen. Lange stiert er mich an, dann runzelt er die Stirn.

»Was grinst du so? Bist du blöd?«

Ich zucke die Achseln, schniefe.

»Ist das ein Kobold?«, fragt der Kranke, »ein *Leschij?*«

Eine unhöfliche Bemerkung, denn wie ich zufällig aus jenen Geschichten weiß, die Papa mir vorgelesen hat, als ich noch kleiner war, sind Leschijs gestaltwandelnde Waldgeister. Sie fangen Leute, verschleppen sie in ihre Höhle und kitzeln sie zu Tode.

Gegen einen Leschij kann man sich nur schützen, indem man seine Kleider auf links trägt und die Schuhe falsch rum anzieht.

Ich protestiere. Ich sage, ich bin Juri Zipit, und trotz

meines Aussehens bin ich normal, ein Sterblicher der menschlichen Rasse, Alter zwölf und ein bisschen.

Er nickt, blinzelt, pocht sich verschwörerisch an die Nase.

»Keine Angst«, sagt er und deutet mit einer Geste auf die anderen, »bald kannst du mir alles sagen. Die da, das sind bloß *temporäre, unnötige* Leute. Ich kann dafür sorgen, dass sie verschwinden. Ich kann sie *ungeschehen* machen, wann immer ich will. Oder ich schicke sie zur Arbeit in ein Bergwerk im *Kalten Land.*«

»Aber, Koba ...«, sagt Bruhah.

»*Fick dich* ...«, rät ihm der Patient.

Wieder blinzelt er mir zu. Seine Freundschaft aber scheint mir ein dunkler, angsteinflößender Ort zu sein, und ich bin mir nicht sicher, ob ich den betreten will.

»Koba ...«, drängt Bruhah. »Sie brauchen Ruhe.«

»Der Junge bleibt. Er kann mir holen, was ich haben will, kann sich um mich kümmern.«

Ich sehe, wie Papa sich nach mir umdreht, als er zur Tür hinausgeschoben wird, weiß wie ein Kloß, im Gesicht Hoffnungslosigkeit und blanke Angst. Er hält sich einen Finger senkrecht an die Lippen.

Das ist ein Geheimsignal, aber ich weiß genau, was er mir damit sagen will.

Pssst ...

Pass auf, was du sagst. Halte dich gerade. Dies sind schwere Zeiten. Sei gewarnt. Sei wachsam. Plappere nicht wie ein durchgeknallter Gibbon. Achte auf deine Manieren. Bleibe auf der Hut. Traue keinem Fremden.

Wechsle regelmäßig die Unterwäsche. Halte den Mund. Kommt man dir mit unbequemen Fragen, stell dich doof. Geh aufs Klo, sooft du kannst. Du weißt nie, wann sich die nächste Gelegenheit bietet. Quassle nicht wie ein Volltrottel. Und vor allem, rede nicht über Politik und mache den Mund nicht auf, ohne vorher nachzudenken.

4. Genosse Elefant

So, da wären wir also. Allein beisammen. Nur wir zwei.
Genosse Elefant und ich. In einem kleinen Zimmer, mitten in der Nacht. Wir sehen uns an. Stumm.
Und auch wenn ich annehme, dass er ein wichtiges, hohes Tier ist, bin ich mir doch nicht sicher, um wen genau es sich handelt. Wir sind uns noch nicht richtig vorgestellt worden. Im Zoo gibt es wenigstens immer eine erhellende Inschrift oder Plakette.

Schango, Elefant – Loxodonta africana:
Gattung: *Proboscidea*: Nicht füttern: Unter keinen
Umständen berühren.

Fragen drängen sich in meinen Kopf, wollen sofort gestellt werden, rempeln sich an, ringen miteinander, um als Erste dranzukommen. Der Druck wächst, und plötzlich schießen sie alle zusammen in einem lauten, chaotischen Ansturm heraus:
»Weißt du, dass du im Sterben liegst, alter Mann?
Warum sind deine Wangen so vernarbt?
Wie hast du dir deinen Arm verkrüppelt?
Widerspricht dir nie jemand?
Weißt du vielleicht, wohin mein Papa gegangen ist?«
Aber der Kranke stellt sich taub, ignoriert einfach alle

meine Fragen. Er interessiert sich nur für seine eigenen Sorgen.

»Psst ...«, sagt er. »Idiotenbalg ...« Und dann wedelt er stirnrunzelnd mit der Hand, als seien meine Worte ein unangenehmer Geruch, den er so vertreiben könne.

Sein Blick erinnert mich an den eines Leguans. Der Kopf bleibt reglos, verrät kein Gefühl. Eine Empfindung zeigt sich allein in den trägen, trüben dunkelbraunen Augen, die wie die eines Raubtiers jede Bewegung genau verfolgen, ohne Mitleid, ohne Erbarmen.

Sein Ton ist rau. Er bellt Befehle, weil er sich unwohl fühlt, ist barsch, quengelig, undankbar. Man merkt, er ist es gewohnt, dass man ihm gehorcht und dass er seinen Willen durchsetzt. Er scheint zu glauben, ich sei nur dazu da, ihm zu dienen und seine Launen zu befriedigen.

Er lässt mich die Kissen aufschütteln und eine Decke über seine Beine legen. Er schickt mich, seine Pfeife und eine Schachtel Zigaretten vom Tisch zu holen. Er will, dass ich Wasser in ein Glas, Wodka in ein zweites einschenke.

Er will wissen, ob die Siegel der Flaschen unberührt waren, ob das Zellophan der Zigarettenschachtel intakt war. Er will, dass ich vom Glas koste, ehe er selbst trinkt. Er will, dass ich auf dem Damebrett die Figuren aufstelle, und entscheidet sich für Weiß.

»Sicher sagen Ihnen viele Leute, dass Sie ein bisschen wie der Stählerne aussehen ...«, sage ich.

»Es gibt da im Gesicht eine gewisse Ähnlichkeit.« Ein rasches, knappes Lächeln, das er sofort unterdrückt, weshalb der Eindruck von Freundlichkeit nur ein flüchtiger Besucher bleibt, der rasch wieder verschwindet.

»Ja, aber auch so manche Unterschiede …«, fahre ich fort.

»Unterschiede?« Er runzelt die Stirn. »Was denn für Unterschiede?«

»Verstehen Sie mich nicht falsch«, sage ich, »aber der Mann aus Stahl ist ein großer Mann. Ein *attraktiver* Mann. Hochgewachsen, mit geradem Rücken, glatter, weicher Haut, und er ist jünger; sein Haar ist dunkel, nicht silbergrau. Sie dagegen sind ein alter Mann, klein und haben Narben auf den Wangen …«

»Bist du ein Experte für den Stählernen? Weißt du mehr über ihn als *ich*?«

»Nein, eigentlich kein Experte«, sage ich, »aber ich bin ein genauer Beobachter, und ich habe Fotos gesehen, Plakate, die Wochenschau. Außerdem wird viel über ihn geredet.«

»Und was redet man so?«

»Kein schlechtes Wort«, antworte ich, »jedenfalls nicht in der Öffentlichkeit. Es gibt sogar Leute, die ihn lieben. Der Rest hat Angst, erschossen oder in ein Lager geschickt zu werden. Alle haben Angst. Es wäre Selbstmord, die Wahrheit zu sagen.«

Was ich sage, scheint dem Kranken nicht zu gefallen. Er zuckt irgendwie komisch mit der Nase, zieht die Brauen hoch, macht Schlitzaugen und sieht mich unverwandt an, bis ich mich ganz klein fühle. Er will, dass ich als Erster blinzle.

Er sagt, ich hätte da was falsch verstanden. Der Mann aus Stahl sei eine Idee, kein Mensch. Eine Inspiration, nicht eine einfache Einzelperson. Ein Fanal für die Menschen, ein politisches Erfordernis, weshalb er alles

Mögliche sein könne – jünger, älter, größer oder kleiner, freundlich oder streng, unversöhnlich oder nachsichtig, alt und weise oder jünger und stark. Das hinge von den Umständen und den jeweiligen politischen Notwendigkeiten ab.

Er sagt, der Mann aus Stahl sei eine weder den Grenzen der Biologie noch denen der Konvention unterworfene Komplexität, die sich nicht in einen einzelnen Körper sperren lasse.

»Tja, man sagt, der Mann aus Stahl hat es auch nicht leicht«, stimme ich ihm zu. »Alle fürchten ihn, haben Angst, ihm die Wahrheit zu sagen. Dabei ist er doch auch nur ein Mensch. Er hat sich daran gewöhnt, dass jedermann nach seiner Pfeife tanzt. Und es ist ja auch nicht seine Schuld, wenn in seinem Namen so schlimme Dinge getan werden. Es heißt, es habe in der Geschichte Zeiten gegeben, in denen man offen reden konnte, so eine Zeit aber haben wir jetzt nicht.«

»Die Leute, die so was sagen, sind Leute mit einem losen Mundwerk und einem Todeswunsch«, sagt der Kranke. »Und du bist erwiesenermaßen ein Idiot.«

»Ja, mein Herr, und nein«, erkläre ich. »Es stimmt, mein Hirn wurde beschädigt. Das ist eine medizinische Tatsache, was mich aber nicht zum Idioten macht.«

Ich erzähle ihm von meinem Unfall und von dem, was mit meinem Kopf passiert ist. Ich beuge mich vor, damit er durch meinen Pionier-Bürstenhaarschnitt den langen Grat der Narbe auf meinem Schädel sehen kann; und ich zeige ihm meinen steifen Arm.

»Das ist noch gar nichts ... Sieh mal ...« Er rollt den Ärmel des Nachthemdes auf und zeigt mir seinen verkümmerten linken Arm. »Als Kind wurde ich von einer Pferdekutsche überfahren.«

»Ja«, rufe ich, »genau wie ich. Mich hat ein Milchwagen überfahren, dann eine Straßenbahn.«

Wir haben offenbar viel gemeinsam, der Kranke und ich.

»Sind Sie wie ich auch schon mal vom Blitz getroffen worden? Auf dem Spatzenhügel? Und was ist Ihre Lieblingsfarbe?«, frage ich. »Haben Sie eine Glückszahl? Und zu welcher Fußballmannschaft halten Sie? Welches Nagetier haben Sie am liebsten?«

Er grunzt bloß. Falls er irgendwelche besonderen Vorlieben dieser Art hat, verrät er sie mir nicht.

»Und warum sind Sie so traurig?«

»Ich? Ich bin nicht traurig.« Er klingt barsch und runzelt die Stirn, tut erstaunt und wischt sich die glitzernden Augenwinkel aus. »Ich doch nicht.«

»Es ist aber Traurigkeit in diesem Zimmer«, sage ich. »Deutlich spürbar. Überall.«

»Ehrlich?« Als wäre er besorgt, blickt er über die Schulter.

»Dichte, rauchige, stickige Traurigkeit, die den Atem nimmt und einen husten lässt. Außerdem spüre ich viele Tode in Ihrem Umfeld ...«

Das ist meine Intuition. Manchmal, wissen Sie, da weiß ich Dinge über Leute, ohne zu wissen, woher ich sie weiß.

»Stimmt«, gibt er zu. »Viele sind von uns gegangen ... vor mir dahingeschieden ... Genossen, Familie, Freunde ...«

Er starrt mir direkt ins Gesicht.

»Du bist ein seltsames Kind«, sagt er in sanfterem Ton, »und hast ein merkwürdiges Gesicht ... So freundlich ...«

Dann spüre ich, wie es wieder passiert.

Aus heiterem Himmel, fast, als wäre ein Schalter umgelegt worden, fängt er an, genau wie all die anderen, und erzählt mir Sachen – persönliche, geheime, unnötige Sachen, die ich lieber gar nicht hören möchte.

Und wie immer fängt es schlimm an und wird dann schlimmer.

Er klingt, als sei er in einer sehr düsteren, nachdenklichen Stimmung.

»Man erzählt sich, ich hätte Genosse Lenin umgebracht«, beginnt er.

»Tut man das?« Ich bin schon über zwölf Jahre alt, aber davon habe ich noch nichts gehört.

»Man sagt, ich hätte ihn mit einer seiner Spritzen vergiftet.«

»Ach ja?«

»Spritzen gegen Syphilis. Weil er gegen meine Wahl zum Generalsekretär war.«

»Ja?«

»Um ihn aus dem Weg zu räumen. Sollte nach einem schweren Schlaganfall aussehen. Aber ich hab's nicht getan.«

»Gut«, sage ich. »Das ist gut.«

»Und es heißt, ich hätte meine Frau getötet ...«

»Ja? Und? Haben Sie?«

»Aber ich habe meine Frau nicht getötet.«

»Nein? Das ist gut.«

»Ich habe sie nicht erschossen.«

»Nein?«

»Sie hat sich selbst erschossen.«

»Warum das?«, frage ich. Wenn Leute sich die Mühe machen, einem diese unnötigen, persönlichen Dinge zu erzählen, können sie schließlich erwarten, dass man ein
bisschen Mitgefühl aufbringt.

»Nur um mich zu ärgern.« Die Gehässigkeit der Frauen
lässt ihn den Kopf schütteln.

»Ach so.« Ich nicke, als würde das alles für mich einen
Sinn ergeben.

»Mein Sohn Arkady hat auch versucht, sich zu erschießen.«

»Das ist schade«, sage ich.

»Aber er hat es verbockt. Wie alles. Der Schuss hat nur die
Stirn gestreift.«

»Gut«, sage ich, was, wie sich herausstellt, eine armselige,
unbedachte Antwort ist.

»Gut?«, fragt er zynisch und äfft meinen hohen Ton nach.
»Gut? Was sollte daran gut sein? Sich selbst nicht zu treffen? Zweimal? Mit einer Pistole? Aus einer Entfernung
von fünf Zentimetern?«

»Ich weiß nicht«, muss ich zugeben. So gesehen wirkt es
ein wenig ziellos oder doch zumindest unernst gemeint.

»Mein Leben lang schon bin ich mit egoistischen Verwandten geschlagen. Die glauben wirklich, nur weil sie
sich erschießen, würde ich auf sie aufmerksam.«

»Ehrlich?«

»Nur um mich zu ärgern, versuchen sie, sich umzubrin-
gen. Und schaffen es, wenn mir lieber wäre, sie würden

scheitern. Und scheitern, wenn mir lieber wäre, sie würden es schaffen.«

»Tut mir leid ...«, tröste ich ihn.

»Meine nutzlosen Söhne sind eine Schande ...«

»Nutzlos?«

»Arkady wurde von den Deutschen gefangen genommen. Sie bieten ihn mir im Austausch gegen einer ihrer Generäle an, die ich gefangen genommen habe. Ich lehne natürlich ab.«

»Warum?«

»Warum sollte ich mich darauf einlassen? Warum Wertvolles gegen Wertloses tauschen? Einen großen Kämpfer gegen einen nutzlosen Verwandten, der höchstens sentimentalen Wert besitzt?«

»Oh.«

»Und Viktor, mein anderer Sohn, stellt etwas unfassbar Blödes an, verliert etwas, was ihm gar nicht gehört.«

»Was Wichtiges?«

»Unsere Eishockeynationalmannschaft.«

»Er hat sie verloren?«

»Mitten in einem Schneesturm hat er befohlen, dass ihr Flugzeug abheben soll. Natürlich sind sie kurz nach dem Start abgestürzt. Alle waren tot ...«

»Wie bedauerlich.«

»Er hat es mir nie gesagt, hat gedacht, er könnte es vor mir verheimlichen. Hat an ihrer Stelle einfach ein neues Team losgeschickt.«

»Oh ...«

»›Viktor‹, habe ich ihm gesagt, ›du bist schlimmer als hoffnungslos. Schlimmer als nutzlos. Ich gebe dir nur diese eine letzte Warnung. Verlier mir nie, niemals wieder unsere Nationalmannschaft … Die Jungs sind Weltmeister, und Eishockey ist *der* Sport unseres Vaterlands. Solche Spieler wie die wachsen nicht einfach an den Bäumen.‹«

»Hat er sich geändert?«

»Ja, er wurde ein hoffnungsloser Säufer.«

»Haben Sie auch Töchter?«

»Eine«, gibt er zu. »Sie heißt Swetlana, liebenswert, nutzlos und weich im Kopf. Sie ist eine *Horizontalistin,* macht die Beine für Schwindler und Zionisten breit, will, dass die ganze Welt auf ihrem Bauch liegt, und möchte Babys von Staatsfeinden.«

»Ja?«

Bei längeren Geständnissen genügt es manchmal, einfach ›Ach?‹, ›Ja?‹, ›Nein?‹, ›Wirklich?‹, ›Ist das so?‹ oder ›Im Ernst?‹ zu sagen.

»Warum erzähle ich dir das alles?«, will er wissen, als wäre ich an seinen widerlichen, überflüssigen Bekenntnissen schuld.

»Ich habe diese Wirkung«, gestehe ich. »Leute erzählen mir Dinge …, obwohl ich sie nicht darum gebeten habe … ich will sie auch gar nicht hören. Tante Natascha sagt, ich könnte als Verhörspezialist für die Staatssicherheit arbeiten, wenn die sich denn für die Wahrheit interessieren würde …«

Der Kranke langt nach der Herzegowina-Flor-Schachtel, schüttelt drei Zigaretten heraus, bricht sie auf, wirft Papier und Pappfilter weg, zerbröselt den Tabak in der Hand und stopft ihn in den Pfeifenkopf. Dann steckt er die Pfeife an.

Ich spüre, dass er jetzt sauer auf mich ist, weil diese Geheimnisse ans Tageslicht gekommen sind und sein Schmerz sichtbar wurde.

»Idiot«, murmelt er leise vor sich hin.

»Wer? Ich?«

»Du bist ein Einfaltspinsel und blöd. In der Schule rufen sie dir bestimmt alle möglichen Schimpfnamen nach ...«, sagt der Kranke, »*Schwachkopf, Idiotnik, Arschputzer* oder *Kretin*, stimmt's?«

»Ja«, gebe ich zu, »meist rufen sie *Spasti, Rotzgesicht* und *Juri-Kacke-in-der-Hose*. An meinem ersten Schultag hat Boris Tiwerzin der Klasse erzählt, ich sei das Ergebnis eines biologischen Experiments, geschaffen aus den Resten toter Tiere aus dem Zoo meines Vaters, zusammengenäht und durch einen Blitz zum Leben erweckt ... Dabei ist das nicht mal die halbe Wahrheit ...«

Ich erkläre dem Kranken, wie es wirklich gewesen ist. Weil ich von einem Milchwagen angefahren wurde, dann von der Straßenbahn und als Kleinkind mal durch die Gitterstäbe ins Gehege der sibirischen Tiger gekrabbelt bin, um ihren Bauch zu streicheln und auf ihnen zu reiten, aber nie verletzt wurde, und weil ich vom Dach gefallen bin, aber gerade, als ein Laster voll mit Stroh und Elefantendung vorbeifuhr, wodurch mein Sturz gemildert wurde, und weil mich auf dem Spatzenhügel ein Blitz getroffen hat, weshalb mir wochenlang die Haare zu Berge standen, hat Papa mich seinen *Koschei, den Untoten* genannt, so wie die Gestalt in den Märchen, die nicht getötet werden kann, weil ihre Seele getrennt vom Körper aufbewahrt wird in einer Nadel, in einem Ei, in einer

Ente, die in einem Hasen steckt, der sich wiederum in einer Kristallschachtel befindet, die unter einer Eiche begraben auf einer einsamen Insel liegt, mitten im Ozean.

Ich habe mich deswegen immer ziemlich sicher gefühlt; selbst wenn ich verletzt wurde, war ich doch stets beschützt und auf gewisse Weise was Besonderes.

Der Kranke nickt. Das versteht er.

»Einmal, vor langer Zeit, hat man mich *Narbengesicht* gerufen«, sagt er. »Das wagt keiner mehr. Sie haben mich ausgelacht, aber heute lachen sie nicht mehr über mich.«

»Glaube ich Ihnen«, sage ich.

»Schluss mit dem sinnlosen Erinnern.« Er tippt mit dem Pfeifenstiel aufs Damebrett. »Lass uns lieber Schaschki spielen.«

Bald sind wir in unserem Spiel versunken, eingehüllt in eine Wolke aus teergrauem Tabakqualm.

»Sie sollten nicht rauchen«, warne ich ihn. »Nicht, wenn Sie sowieso schon halb tot sind.«

»Nein?«

»Papa sagt, davon krieg man eine Teerlunge … regt das Blut auf und erschreckt das Herz. Außerdem sollten Sie Ihre Steine so lange wie möglich auf der hintersten Reihe stehen lassen.«

Er grunzt nur.

»Sind Sie gut in diesem Spiel?«, frage ich. »Haben Sie eine Strategie? Denken Sie viele Züge im Voraus?«

»Pssst«, knurrt er und legt einen Finger an die Lippen – genau wie Papa.

»Ich selbst bin ein guter Spieler«, erkläre ich. »Ich habe eine Vision, eine Taktik. Es sollte Ihnen also lieber nichts

ausmachen, gegen mich zu verlieren, obwohl ich ein Kind
und im Kopf nicht ganz richtig bin.«

Er grunzt. Er brummelt. Wenn ich ihn besiege, will er seine Füße essen. Beide Füße, behauptet er. Mit Meerrettichknödel. Ein voreiliges Angebot, wie mir scheint. Wir schauen beide auf seine nackten, aufs Sofa hochgelegten Füße. Sie sind moppelig, klamm und so weiß wie frisch gebackenes Gebäck. Einige Zehen sind wie bei einer Ente durch Schwimmhäute verbunden.

Schon nach fünf Zügen wird klar, dass er es auf *Zugzwang* anlegt, weshalb er sich nur zu seinem eigenen Nachteil bewegen kann. Er muss vorwärtsziehen, kann seine Steine aber nur vor meine setzen. Und da er mit den freien Feldern nicht aufgepasst hat, kann ich ihm prompt vier Steine abnehmen.

Er streckt die Hand aus, um einen Stein zu bewegen. Dann zögert er. Dann runzelt er die Stirn. Dann huscht ein verschlagenes Lächeln über sein Gesicht.

»Jetzt wende ich die *Anti-Reaktionäre Verteidigung* an«, sagt er, hämmert mit geschlossener Faust auf den Tisch und glaubt ganz offensichtlich, er hätte mich besiegt.

»Die *was?*«, frage ich.

»Die *Anti-Reaktionäre Verteidigung* erlaubt es mir, mich gegen liberale Parasiten und reaktionäre Abtrünnige zu wehren. Ich kann vorrücken und mir deinen führenden Stein auf dem rechten Spielfeld nehmen, falls während der letzten drei Züge keinerlei Anstrengungen unternommen wurden, rückschrittliche Bestrebungen durch einen Zug nach links zu korrigieren.«

»Davon habe ich noch nie gehört«, gestehe ich, habe es

folglich nicht kommen sehen und nicht mal gewusst, dass es diese Regel überhaupt gibt.

»Hast du etwa geglaubt, du könntest dich straflos auf dem rechten Feld tummeln? Und jetzt ...« Er schlägt zu, »kann ich dir zwei Steine abnehmen.«

Er springt über einen Stein, dann über noch einen, aber ich schwöre, ehe die *Anti-Reaktionäre Verteidigung* in Kraft trat, waren sie nicht in Gefahr.

Auf diese Weise erreicht er meine Grundlinie und gewinnt eine Dame. Von jetzt an kann er kreuz und quer ziehen und meine Steine einen nach dem anderen einsammeln oder auch mehrere zugleich.

»Deine Position ist hoffnungslos«, sagt er. »Du hast nicht aufgepasst und deinen linken Flügel ungeschützt gelassen, ihn nur mit schwachen, reaktionären Kräften verteidigt. Aber mach dir nichts draus ... Ich bin ein starker Spieler. Ich sehe Möglichkeiten, wo andere nur raten.«

Wir spielen ein weiteres Mal. In der zweiten Runde habe ich zwei Steine Vorsprung, als er sich dank des *Zugs der üblichen Verdächtigen* einen Vorteil verschafft, noch eine Regel, von der ich nichts wusste.

»Sie erlaubt mir, alle gegnerischen Steine vom Feld zu nehmen, die zu Demonstrationen oder unerlaubten Aufmärschen zusammengekommen sind«, erklärt er. »Eine übliche Vorgehensweise der Polizei, dient der gesellschaftlichen Hygiene und ist gut für uns alle.«

Und dann gewinnt er das dritte Spiel mit dem *Gemeingutprinzip*, das es ihm erlaubt, hoch oben in der gegnerischen Hälfte Steine einzusammeln, die das Wohl der Mehrheit gefährden, also *Feinde des Volkes* sind.

Ich bin bestürzt. Bislang habe ich Dame stets für ein simples Spiel mit wenigen Regeln gehalten und finde es entmutigend, ständig auf neue politische Regeln zu stoßen, die mir im Traum nicht eingefallen wären.

»Sei nicht enttäuscht«, sagt er. »Schaschki ist angewandte Politik. In diesem Spiel hat mich seit sehr, sehr langer Zeit niemand mehr geschlagen.«

»Wie lange nicht mehr?«

Stirnrunzelnd denkt er nach. »Seit siebenundzwanzig Jahren, glaube ich.«

»Das überrascht mich nicht«, erwidere ich. »Wenn man sich immer neue Regeln einfallen lässt ...«

Eine Weile sitzen wir schweigend da.

Als er endlich wieder den Mund aufmacht, fragt er mich, ob ich gerne ins Kino gehe.

»Aber ja«, sage ich, »ich liebe Filme.«

Das sei eine gute, korrekte, sozialistische Antwort, sagt er. Filme sind die progressivste Form der Kunst. Bücher dagegen sind liberal, Romane Zeitvergeudung, dieses Herumtrödeln im Kopf belangloser, kleinbürgerlicher Figuren. Sie befassen sich mit den trivialen Gedanken und bedeutungslosen Gefühlen unnötiger Menschen.

»Ein junger Mann hat ein schlechtes Gewissen; eine junge Frau will in die Hauptstadt, um einen Grafen zu heiraten. Ein anderer Mann will die Sau rauslassen, dabei ist uns egal, ob der Mann eine Sau hat, und es interessiert uns nicht die Bohne, ob die Sau draußen ist oder drinnen ... Stawrogin kann sich von mir aus erhängen, Oblomow im Bett bleiben, Petschorin sein Pferd essen und Anna Karenina die Wäsche reinholen.«

»Ja?«

»Wir wollen, worauf es ankommt, wollen die wahren Geschehnisse der Geschichte sehen, den Klassenkampf, die Konflikte von Arbeit und Kapital. These, Antithese, Synthese … Uns interessiert das Individuum bloß, wenn es einen Typ repräsentiert, wenn es um einen Menschen seiner Zeit geht, um jemanden im Zentrum einer Auseinandersetzung, oder wenn es sich um den Anführer seines Volkes handelt. All das zeigt uns der Film. Die Handlung, die Spannungen, die Gruppen, die Leute, als würden wir den Lauf der Geschichte selbst verfolgen …«

Er lässt sich über jene ausländischen Filme aus, die während des Krieges beschlagnahmt wurden. Viele deutsche und amerikanische, auch viele Filme aus der Filmbibliothek von Joseph Goebbels höchstpersönlich, selbst ein Filmliebhaber und zudem Hitlers Kumpel.

Er fragt mich, ob ich jene Filme des großen kommunistischen Schauspielers Charlie Chaplin gesehen habe, in denen er das Genie des gemeinen Mannes verkörpert, ihn als Tramp spielt, als Arbeiter, als Dichter und Träumer. Und in denen er die Grausamkeit des Kapitalismus anprangert, das Gehabe von Diktatoren, und uns zeigt, dass das Leben in der Nahaufnahme einer Tragödie, im Weitwinkel aber einer Komödie gleicht. Und dass das Leben keine Gnade kennt. Wer damit fertigwerden will, muss folglich selbst gnadenlos sein …

Ich sage ihm, dass ich die Filme von Genosse Chaplin nicht kenne, da in unserem Kino nur vaterländische Filme laufen, doch hätte ich das Glück gehabt, *Das bucklige Pferdchen* zu sehen, auch *Der Fall von Berlin, Symphonie eines Lebens* und *Wie die heldenhafter Arbeiter von Nowomoskowsk das Bauziel ihres Fünfjahresplans zwei Jahre vor Ablauf erfüllten.*

»Dann kennst du keine amerikanischen Western?«

»Was ist das?«

»Cowboyfilme mit Indianern, mit Pfeil und Bogen, Speeren, Skalps, Pferden und jeder Menge Schießerei.«

Ich zucke die Achseln. Von so etwas habe ich keine Ahnung.

»Du solltest sie dir ansehen. Fördert deine Bildung. Der amerikanische Western zeigt die moralische Leere und Gesetzlosigkeit der kapitalistischen Kultur ... Amerika ist eine Ödnis, eine Tundra, eine Wüstenei. Jeder Mann trägt eine Waffe. Oft gibt es nur einen einzigen, mächtigen Boss, der Ordnung ins Chaos bringt und die arbeitende Bevölkerung beschützt.

Zaren regieren die Geschäftswelt, Kulaken kontrollieren das Land, die Kosaken sind ihre Schergen.

Die Guten tragen helle Sachen, die Bösen dunkle. Es gibt keine Kunst, keine Kultur. Also trinkt man den ganzen Tag lang Whiskey, spielt Poker oder geht ins Bordell. Ständig kämpfen alle gegen alle, weil es keine sozialistische Solidarität gibt, keine Klasseneinheit.

Man weiß, dass es zum Kampf kommt, wenn die Kamera zwischen zwei Gesichtern hin- und herschwenkt. Bleibt sie auf ein Gesicht gerichtet, wird gleich geschossen.«

»Ach ja?«

»Der beste Western aller Zeiten ist *Ringo*, gedreht vom großen *John Ford*. Und die besten Cowboys aller Zeiten sind *Spencer Tracy* und *Clark Gable*.

Es gibt aber auch einen ziemlich widerlichen Cowboy namens *John Wayne*, der sich zum Feind des Proletariats erklärt hat, ständig über den Sozialismus herzieht und die Errungenschaften der sozialistischen Union verunglimpft. Wir wären daher nicht im Mindesten überrascht, sollte ein patriotischer Soldat der Union der sozialistischen Republiken eines baldigen Tages nach Amerika fahren und an seine Tür klopfen – in der Louise Avenue 4750 in Beverly Hills –, um ihn für alle Zeiten zum Schweigen zu bringen, sei es mit einem Messer ins Herz, einem Eispickel ins Hirn oder einem Dolch in den Rücken ...«

★

Ich sehe mich im Zimmer um und trete an die Staffelei, auf der eine große Karte unseres großartigen, weitläufigen und geliebten Vaterlandes steht.

Etwa zwanzig Stecknadeln mit winzigen, dreieckigen Fähnchen in Rot, Weiß und Blau markieren Orte südlich und östlich der Hauptstadt, aber auch im Kalten Land.

Der Kranke folgt meinem Blick. »Wir brauche neue Orte für die wurzellosen, zionistischen Kosmopoliten«, erklärt er.

»Neue Städte?«

»Lager.«

»Ferienlager?«, frage ich. »Zur Erholung? Mit Schwimmbecken, Fußballplatz und Laufbahn wie bei den jungen Pionieren?«

»Arbeitslager«, erklärt er. »Für harte Arbeit. Und härtere Arbeit.«

»*Wurzellose Kosmopoliten?*«, frage ich. »Sind das Zigeuner,
Obdachlose und Flüchtlinge?«
Ich denke, er will neue Häuser und neue Arbeitsplätze für
die Obdachlosen schaffen.
»*Juden*«, sagt er. »Sie wollen ihr Vaterland verlassen, wollen heim nach Palästina und halten die Amerikaner für
ihre Freunde.«
»Papas Freund Pjotr Kolganow bringt mir Klavierspielen
bei. Er ist Jude, aber wurzellos ist er nicht. Er lebt gern in
der Hauptstadt und wohnt im dritten Stock. Er sagt, er
will niemals wegziehen – es wäre viel zu schwierig, den
Flügel die Treppe runterzuschaffen ...«
»Es gibt solche Juden und solche ...«, sagt der Kranke
und tippt sich dabei an die Nase. »Viele sind jüdische
Mörder in weißen Kitteln, die, getarnt als *Professoren
oder Doktoren,* die Ermordung führender Politiker planen. Und dann gibt es noch jede Menge jüdische Nationalisten, die Spione sind, Agenten des amerikanischen
Geheimdienstes.«
»Tante Nataschas Freund Wasili ist auch Jude, aber kein
Spion und auch kein Mörder-Doktor, sondern Pfleger in
einer Nervenheilanstalt.«
Der Kranke wendet den Blick ab und hängt seinen Gedanken nach. Ich glaube nicht, dass ihn meine Ansichten interessieren, auch nicht, dass er andere Meinungen überhaupt in Betracht zieht.
»Wie wollen Sie die denn auseinanderhalten?«, frage ich.
»Die Spione und Pfuscher, die Mörder und Dichter?«
Der Kranke richtet den Blick seiner trüben dunklen Au-
gen auf mich, in den dunklen Pupillen kein Glitzern und

kein Glanz. Sie saugen das Licht auf und werfen nichts zurück.

»Ist unnötig, sie auseinanderzuhalten«, knurrt er und zuckt die Achseln.

»Warum?«

»Kein Mensch, kein Problem«, sagt er. »Der Tod beseitigt alle Probleme.«

»Im Ernst?«

Manchmal redet er in Rätseln. Dann kann man unmöglich erraten, was er meint oder welch wolkige Gedanken durch seinen Kopf ziehen.

»Du gefällst mir«, sagt der Kranke. »Hast ein gutes Herz und ein wohltuendes Lächeln. Außerdem erinnerst du mich an meinen toten Sohn Arkady.«

»Ehrlich?«

»Du bist halbwegs clever und doch erschreckend dumm. Du willst jeden zufriedenstellen, nur fehlt es dir an Ehrgeiz. Und du bist ohne Arglist. Die Menschen vertrauen dir. Eine seltene Kombination. Außerdem hat deine Anwesenheit etwas Beruhigendes, Tröstliches. Möchtest du dich nicht nützlich machen?«

»Danke, Genosse, das würde ich gern.«

»Dann gebe ich dir hiermit in meinem Haushalt ein Amt.«

»Ein Amt?«

»Ist gerade frei geworden.«

»Ach ja?«

»Es ist ein wichtiges Amt. Du wirst zu meinem *Vorkoster, Techniker erster Klasse.*«

»Ehrlich?«, frage ich. »Was muss ich da tun?«

»Was ich esse, wird erst von dir probierst. Und du nippst an jedem Getränk. Nur um zu prüfen, ob Essen und Getränke auch genießbar sind. Um sicherzugehen, dass nicht daran herumgepfuscht wurde.«

»Ist das ein neues Amt?«

»Ich hatte vorher schon einen Vorkoster ...«, gibt er zu.

»Und davor einen ... Und davor einen, aber sie waren ihrer Aufgabe alle nicht gewachsen.«

»Nein?«

»Sie haben anfällig auf Gifte reagiert. Jeder auf unterschiedliche Weise. Der eine war gegen Strychnin empfindlich, der andere allergisch gegen Zyankali.«

Ich überdenke das Angebot, erwäge alle Aspekte. Ich esse gern. Sehr gern sogar. Und es gibt schlimmere Jobs, als dieselben leckeren Mahlzeiten wie die hochgestellter Persönlichkeiten zu mir zu nehmen, seien es Abgeordnete, Minister, Marschälle, Generalsekretäre oder Botschafter. Außerdem habe ich immer davon geträumt, eines Tages all meine Mistlichkeiten zu überwinden und eine wichtige Stellung einzunehmen. Und ich ahne, ablehnen kommt nicht infrage.

»Wie ein wahrhaft patriotischer Slawe werde ich für Sie und fürs Vaterland essen«, erkläre ich.

»Du darfst dich im Gebäude frei bewegen, hältst dich aber zur Verfügung, wenn ich es verlange, also zum Frühstück, zum Mittag- und zum Abendessen ...

Außerdem berichtest du mir alles, was man in meinem Haus redet. Du gehörst von nun an zu einer Sonderabteilung der Staatssicherheit und belauschst insbesondere, was Genosse Bruhah, Marschall Kruschka, Stellvertreter

Bulgirow und Sekretär Malarkow hinter meinem Rücken sagen.«

»Ja?«

»Sie sind meist abends da, lungern hier herum, essen auch mit mir zu Abend. Und sie geben sich als meine Freunde aus. Du kannst sie übrigens leicht erkennen. Ich nenne sie nur *Hyäne, Schwein, Esel* und *Ziegenbock* ... Und sie sind längst nicht so clever, wie sie zu sein meinen. Vor dir werden sie sich bestimmt keinen Zwang antun, denn du bist ein Idiot und ein Kind ... Sicher glauben sie, du könntest gar nicht verstehen, was sie sagen, könntest die Bedeutung ihrer Worte nicht begreifen ...«

Er nimmt etwas vom Tisch, kritzelt etwas in krakeliger grüner Schrift auf ein Blatt Papier und gibt es mir. Darauf steht:

Der Träger dieses Ausweises ist mein persönlicher Vorkoster, Juri Zipit, Techniker erster Klasse.
Achtung: Er ist ein harmloser Trottel.
Man gewähre ihm jede Unterstützung, die er benötigt.
Er darf sich im Haus frei bewegen.
Wer ihm hilft, hilft mir.
Wer sich ihm widersetzt, widersetzt sich mir.

Josef Petrowitsch
Generalsekretär

»Und jetzt geh«, sagt er. »Ich will schlafen. Wenn Bruhah dich fragt, worüber wir geredet haben, was er bestimmt tun wird, dann sei gewarnt und sag, wir hätten über die mingrelische Verschwörung gesprochen.«

»Versteht er das?«

»Das wird er schon«, erklärt der Kranke, »denn er *selbst* ist der mingrelische Verschwörer.«

»Wirklich?«

Aber er gibt keine Antwort, der Kranke hat die Augen bereits geschlossen. Er schnaubt kurz und beginnt dann zu schnarchen, ein leises Grollen, weshalb ich mich abwende, zur Tür gehe und mich hinauslasse.

Nun muss ich Papa finden und ihm die gute Neuigkeit überbringen, darf damit aber nicht prahlen.

Stolz gehe ich nach draußen. Denn als ein Niemand betrat ich dies Zimmer und verlasse es als ein Jemand, als eine Person von Bedeutung, als Vorkoster und Techniker erster Klasse eines Generalsekretärs von dies-oder-das, eines Mannes von größter Wichtigkeit, der in der Partei über gute Beziehungen verfügt.

5. Die vier Männer aus Stahl

Genosse Bruhah lehnt an der Wand am Ende des Korridors. Jetzt kommt er mit großen Schritten auf mich zu. Schnell und stürmisch. Ich glaube, er hat nur darauf gewartet, dass ich aus dem Zimmer des Kranken komme. Das aufgedunsene gelbliche Gesicht wirkt so verzerrt wie die giftige Grimasse einer Riesenkröte (*Rhinella marina*).

»Haben Sie meinen Papa gesehen?«, frage ich.

Was Bruhah ignoriert. Ernst legt er einen Arm um meine Schultern. Das heißt, so wie sein Arm meinen Hals umklammert, nimmt er mich eher in den Schwitzkasten. Mir ist, als wäre ich wieder auf dem Pausenhof in der Schule und würde erneut von einem Mitschüler gequält.

»Warum lächelst du ständig?«, faucht er mich an. »Glaubst du, die Welt ist ein erfreulicher Ort? Glaubst du, ich bin hier, um nett zu dir zu sein? Glaubst du, alle Menschen sind deine Freunde?«

Er zerrt mich mit sich, ich krumm wie ein Scharniergelenk. Dann beugt er sich vor, sein glänzendes, warmes Gesicht ganz dicht an meinem. Ich kann Pfefferminze riechen, Wodka und Zwiebeln, auch den Hauch eines moschusartigen Parfüms, als hätte er sich an jemandem gerieben, der besser duftete als er selbst, bestimmt eine Frau.

»Der Genosse mag dich, du beschissener, kleiner Krüppelzwerg«, sagt er. »Wieso um alles in der Welt?« Er schaut auf die Uhr. »Du bist *vier Stunden* bei ihm drin gewesen.«

»Wir haben Dame gespielt ... uns Geschichten erzählt ... Erinnerungen ...«, keuche ich, da der Marschall mir die Luft abdrückt. »Wir haben viel gemeinsam ...«

»Habt ihr das?«

»Wir haben beide einen lahmen Arm. Wie ich hat er früh seine Mutter verloren. Und wie ich wurde er in der Schule gehänselt ...«

»Du besitzt sein Vertrauen?« Bruhah tritt einen Schritt zurück, lässt meinen Hals los. Er wirkt amüsiert. »Er erzählt dir Sachen? *Persönliches, Privates?*«

»Ja.«

Ich erzähle ihm von meiner Ernennung. Ich sage, ich sei jetzt der Vorkoster vom Führer und obersten Genossen, vom Wodsch. Techniker erster Klasse. Bereit zu sterben, um den Wodsch fürs Vaterland zu retten.

»Der Genosse ist in letzter Zeit nicht ganz er selbst. Er ist krank«, sagt Bruhah. »Im Kopf. Wir dürfen seine Gutmütigkeit nicht ausnutzen und müssen ihm helfen, so gut es eben geht. Deshalb muss du mir etwas versprechen.«

»Genosse?«

»Hör dir genau an, was er sagt. Alles. Und berichte mir davon. Nichts, was er sagt, ist zu groß, nichts zu klein, um es mir nicht zu erzählen.«

»Echt?«

»Im Gegenzug werde ich für dich sorgen.«

»Danke.«

»Und du wirst es nötig haben, dass jemand für dich sorgt, brauchst es ganz dringend.«

»Ach ja?« Ich hatte keine Ahnung.

»Schließe die Augen«, befiehlt er, »und stell dir das Beste vor, das dir passieren kann ...«

Ja, ich sehe es jetzt vor mir. Ich komme von der Schule heim, aber im Flur stehen drei Koffer, nicht zwei. Aus heiterem Himmel ist Mama zu uns zurückgekehrt. Ich höre sie kreischen, giggeln, höre Papas tiefes Lachen.

»Und jetzt«, Bruhah kneift mir in die Schulter, »denke an das Schlimmste, das passieren könnte ...«

Ich zucke zusammen. Wie zuvor kehre ich in unsere Wohnung zurück, sehe diesmal in Gedanken aber nur einen einzigen Koffer. Ja, Papa wurde abgeholt und wer weiß wohin gebracht.

»Ich kann mir genau vorstellen, was du denkst«, sagt der Marschall. »Jedes kleinste Detail. Ich kann in deinem flachen Kinderverstand lesen wie in einem Buch. Aber du hast dir nicht genügend Mühe gegeben, denn ich kann das Beste noch besser machen ...«

»Im Ernst?«

»Ist meine Aufgabe. Das Leben eines Menschen besser oder unerträglich schlecht zu machen, je nachdem, was ihm zusteht und er verdient.«

»Oh.«

»Für dich, Juri, du stinkender Haufen Scheiße, ist daher alles möglich. Das Beste und das Schlimmste, nördlich der Hölle, südlich des Himmels und sämtlicher Breitengrade dazwischen. Du musst nur tun, was ich dir sage.«

»Muss ich?«

»Weißt du, was ich von Beruf bin?«

»Nein«, gab ich zu.

»Ich bin ein Künstler, doch wohingegen ein Maler mit Farben malt, ein Töpfer mit Ton töpfert, arbeite ich mit Schmerz und Furcht. Denn ich bin ein Terrorist.«

»Sind Sie das?«

»Ich terrorisiere Menschen. Ich verhafte sie, bestrafe sie, zerbreche sie, zertrümmere ihre Knochen. Ich reiße ihnen die Augen aus, zerfetze ihre Seele ...«

»Autsch«, sage ich.

»Manchmal sterben sie, ehe ich auch nur anfange, fallen vor lauter Angst tot um, ehe ich Gelegenheit hatte, einen Finger krumm zu machen. Trotzdem lasse ich meine schmutzige Arbeit nicht von anderen Leuten verrichten.«

»Nein?«

»Muss jemand erschossen werden, erledige ich das selbst. Müssen jemandem die Fingernägel gezogen werden, die Augen herausgerissen, die Eier eingetreten werden, mache ich das selbst. Ich tu's fürs Vaterland, für den Sozialismus – und zu meiner eigenen Befriedigung, weil es mir gefällt, wenn eine Arbeit gut getan wird.«

Natürlich glaube ich ihm kein Wort. Er spielt nur und versucht, mir Angst einzujagen. Niemand würde einen anderen Menschen absichtlich verletzen. Nicht auf solch sinnlose, grässliche, grausame Weise.

Papa sagt, wenn wir anderen Menschen wehtun, geschieht dies meist gedankenlos – weil wir nicht genügend auf die Gefühle anderer achten, weil wir rücksichtslos handeln und erst zu spät an die Folgen denken.

»Halt still«, sagt Bruhah. »Und pass auf ...« Er lächelt, fährt mit Finger und Daumen beidseits meiner Nase lang.

Es kitzelt, bis er fester zugreift, dann einmal scharf zieht und dreht.

Ein schlimmer Zaubertrick. Ein Knirschen, als würde ein Ast gebogen, dann ein heftiges Knacken wie von einem Zweig, der unterm Fuß zerbricht; das Echo hallt durch all meine Schädelknochen. Ein Gefühl, als schösse mir ein Blitz durchs Gesicht. Goldene Funken fliegen in sämtliche Richtungen. Mir ist speiübel. Ich spüre heißes Blut in meine Kehle spritzen.

Ich lehne mich an die Mauer und fürchte, ich habe für einige Sekunden das Bewusstsein verloren.

»Das war deine Nase«, erklärt er. »Sie war ganz … jetzt ist sie gebrochen.«

»Aaaah«, sage ich. Blut tropft mir über die Lippen auf mein Hemd.

»Verstehst du? So ist der ganze Körper.«

»Hä?« Ich schniefe warme Blutklümpchen hoch, schniefe sie in den Mund, dann schlucke ich.

»Alles kann gebrochen werden, innerlich wie äußerlich. Schädel, Zähne, Herz und Geist. Und mit jedem Bruch wird der Schmerz schlimmer … und schlimmer … Dabei war das noch nichts. Nur deine Nase. Also ist es nicht weiter wichtig …«

Er lässt mich los, klopft mir auf die Schulter und lächelt.

»Das war nur eine winzige Kleinigkeit verglichen mit dem, was ich dir antun könnte, wenn ich dir – wie ein Künstler – so richtig wehtun wollte …«

»Nicht nötig«, protestiere ich.

»Also sagst du mir alles, was der Patient erzählt?«

»Ja«, schluchze ich.

»Wenn du mit dem Genossen redest, gibt es eine richtige und eine falsche Art, das zu tun.«

»Ja?« Ich hebe einen Hemdzipfel an die Nase, um die Blutung zu stillen.

»Schau ihm in die Augen, aber schau ihm nicht zu lange in die Augen ... Sag stets die Wahrheit, aber sag ihm von der Wahrheit nicht zu viel ... Zeig keine Schwäche. Er verachtet die Schwachen. Aber du solltest auch nicht zu stark sein. Das macht ihn unruhig. Sag, was immer du sagen möchtest, unbedingt. Jedenfalls solange es das ist, was er hören will. Verstehen wir uns?«

»Ja.« Ich ziehe kräftig die Nase hoch und schlucke die warmen Blutklumpen.

»Prima«, sagt er, »ich glaube, wir werden sehr gute Freunde. Hier, ich finde, du hast ein Geschenk verdient ...« Er greift in die Tasche und reicht mir einen schmalen Streifen Silberfolie. »Ich gebe dir das, weil ich ein netter Mann bin, der Kinder liebt ...«

Ich schniefe. »Danke, aber was ist das?«

»Man nennt es *Kaugummi*«, sagt er. »Es ist ein Gummi. Zum Kauen. Also steckt man es sich in den Mund. Es kommt aus Amerika und heißt *Wrigley's Spearmint*. Du hast großes Glück, du kleine Kackwurst. In der gesamten Sowjetunion gibt es davon nur sieben Stück.«

Marschall Bruhah ist ziemlich grob und ein schmerzhafter Nasenbrecher, doch nur, wie mir jetzt klar wird, weil er ein unglücklicher Mensch ist und weil ihn viele Sorgen plagen, bestimmt besondere Verantwortungen, Jahresabschlüsse, Pläne, Papierkram, lauter Schwierigkeiten und Ärger, was Papa auch immer ganz unausstehlich macht.

Papa sagt oft: »Jeder hat seine Gründe, Juri. Wenn du also nicht verstehst, warum jemand tut, was er tut, verstehst du einfach seine Stimmung nicht, seinen Charakter, seine Lage ...«
»Danke«, sage ich, lasse meine Zunge darüber spielen und beiße in dieses graue Gummiding, das in Amerika als Delikatesse gilt. »... es lässt sich gut kauen. Und schmeckt stark nach Pfefferminz ...«
Und ist schwer zu schlucken.
»Komm«, sagt er, »mir fehlt die mütterliche Wärme. Matriona hier wird sich sicher besser um dich kümmern, als ich es kann ...«

Matriona ist die Haushälterin und trägt ein schwarzes Sackkleid mit weißer Schürze. Sie ist mollig, rosig, lächelt unablässig und wirkt breiter als groß.
»Ach, du armer, verletzter, blutender Junge«, sagt sie und wuschelt mir durchs Haar. »Und deine arme, blutende Nase.« Dann umarmt sie mich, drückt meinen Kopf an ihren heißen, wogenden, pudrigen Busen. Tief versunken in ihrem nach Moschus riechenden Fleisch höre ich mit brennenden Wangen ihr Herz wie das Ticken einer nahen Uhr.
Sie sagt, meine Nase muss gerichtet werden, und es gehören Baumwollpfropfen in jedes Nasenloch. Danach ab ins Bett. Sie sagt, ich kann im Personalschlafsaal bei den anderen Männern schlafen.
Wir gehen die Treppe hinauf in den ersten Stock und fol-

gen einem langen Flur bis zu einem dunklen Raum, der aussieht wie eine Krankenhausstation, an den Wänden niedrige Metallbetten, in der Mitte ein langer Tisch.
Fünf der zwölf Betten sind belegt. Ich entscheide mich für ein leeres Bett gleich neben der Tür.
»Papa?«, flüstere ich in die dunkle Schnarchserenade. Wäre er da, würde er antworten. Offenbar muss unser Wiedersehen bis morgen warten.
Ich versuche, positiv zu denken, das zu denken, was Papa sagen würde. Dass am nächsten Tag alles besser aussehen wird. Dass eine gebrochene Nase besser ist als ein gebrochener Schädel. Dass ein dumpfes Pochen besser ist als scharfer, flammender Schmerz.
Mein Kopf fällt aufs Kissen. Ich bin weg.

Um sieben werde ich vom Geplapper und Geklapper des erwachenden Hauses geweckt. Man hustet, spuckt und meckert im Chor, und da ist der Geruch warmer, klammer, Wasser lassender Leiber, das Stampfen von Stiefeln auf Holzdielen.
Ich folge den Männern in die Kantine, um zu frühstücken. Ich schaue mich nach Papa um, kann ihn aber nirgendwo entdecken.
Ich bin allein inmitten dieser Leute. Niemand erwidert meinen Blick, mein Lächeln. Also setzte ich mich ans Ende eines langen Speisesaaltisches aus Kiefernholz.
Ich bin erst wenige Minuten da, als ein Schatten über mich fällt, sich jemand neben mich setzt und einen Teller

mehliger, nach Hefe riechender, dampfender Blini auf den Tisch stellt.

»Guten Morgen, Junge.«

Ich drehe mich um, und mir bietet sich ein überaus befremdlicher Anblick. Der Mann hat große Ähnlichkeit mit dem Genossen Josef, sieht aus wie dem Stählernen aus dem Gesicht geschnitten.

Aber auch ein bisschen anders.

Dies ist nicht der magere kranke grauhaarige Mann aus Stahl, den ich gestern Abend kennengelernt habe, sondern ein wuchtiger, untersetzter, jüngerer Stählerner mit rabenschwarzem Haar und dunkelroten Wangengrübchen. Er streckt eine riesige Pranke aus, um meine Hand zu schütteln.

»Ich heiße Felix«, sagt er.

»Juri«, erwidere ich. »Freut mich, Sie kennenzulernen.«

»Sag mal …« Er runzelt die Stirn. »Warum bewahrst du die gerade da auf?«

»Was denn?«

»Diese hart gekochten Enteneier …«

»Wie bitte?«

»In deinen Ohren.«

»Entschuldigen Sie, aber …«

»Hier …« Er tippt an mein rechtes Ohr, und ein noch warmes Ei liegt in seiner Hand. »Und hier …« Er berührt mich am linken Ohr und findet ein zweites Ei. »Weißt du, was am besten wäre?«, fragt er. »Eigentlich …«

»Was denn?«

»Wir sollten sie mit diesen warmen Butterblini zum Frühstück essen.«

Klingt nach einem ausgezeichneten Plan. Wir teilen uns meine Eier und seine Blini und essen in wohltuender Stille. Das Eigelb schimmert fettig wie geschmolzene Butter und golden wie die Sonne.

Dann setzt sich noch jemand zu uns, nimmt Platz auf der Bank gegenüber, die unter seinem Gewicht ächzt. Ich blicke auf, um zu sehen, wer gekommen ist.

Echt, noch einer von denen. Ungelogen.

Noch ein Genosse Josef, Mann aus Stahl.

Nur sieht der wieder ein bisschen anders aus. Dieser ist beleibt, in mittleren Jahren und von mittlerer Statur. Seine großen, fleischigen Blumenkohlohren fallen mir auf.

»Das ist Raschid«, sagt Felix.

»Freut mich, Sie kennenzulernen, Genosse«, sage ich.

»Guten Morgen, kleiner Bengel«, sagt Raschid. »Was führt dich denn her?«

Ich erzähle ihnen, dass ich gekommen bin, meinem Vater zu helfen, der ein Professor für Veterinärmedizin ist. Und dass wir getrennt wurden. Ich frage sie, ob sie ihn vielleicht gesehen haben.

Ich beschreibe ihn, sage, er ist groß, geistesabwesend, ein Mann mit Astrachankragen, kahler Stelle auf dem Kopf und stets leicht gebeugt; außerdem verbreitet er einen Geruch nach versengter Wolle und Pfeifentabak. Ich erkläre, er sei ganz besonders klug und verfüge über profunde Kenntnisse auf dem Gebiet der Neurologie der Großhirnrinde.

»Hab ihn nicht gesehen«, sagt Raschid. »Neurologie der Großhirnrinde, sagst du?«

»Ich auch nicht«, sagt Felix. »Und was war der Zweck eures Besuches hier?«

Ich sage, dass wir in einer medizinischen Angelegenheit gekommen sind, nämlich um einen Kranken zu behandeln, der so aussieht wie …

Dann verstumme ich. Ich sag's nur ungern, weil ich sie nicht beleidigen will. Und ich mag nicht unverschämt klingen oder das allzu Offensichtliche sagen.

»Verzeihen Sie mir die Bemerkung«, erkläre ich, »aber der Kranke sieht aus wie der Mann aus Stahl.«

»Ach ja?«, fragt Felix. »Was um alles in der Welt meinst du damit, wenn du sagst: *Er sieht aus wie der Mann aus Stahl?* Willst du damit etwa andeuten, er sähe ihm noch ähnlicher als ich? Oder als Raschid hier?«

Beide Genossen sehen mich überrascht an. Und verletzt. Weil es einen Stählernen geben soll, der noch stählerner als sie ausschaut. Großohr und Narbengesicht wechseln einen amüsierten Blick.

Nun, ich mag niemanden beleidigen. Ich will höflich antworten, aber es fällt mir schwer, die richtigen Worte zu finden, um Leute auseinanderzuhalten, wenn sie wie der Mann aus Stahl und doch auch wie sie selbst aussehen.

»Tja, Sie beide haben eine erstaunliche Ähnlichkeit mit dem Mann aus Stahl, ganz bestimmt … Er selbst aber auch …«, erkläre ich.

»Wie genau meinst du das?«

»Er trägt sein Haar zurückgekämmt, genau wie Sie. Und er hat einen Schnurrbart genau wie Sie. Und Narben wie Raschid. Nur die Ohren sind kleiner. Und er sieht älter aus. Außerdem hat er einen steifen linken Arm …«

»Hat er was gesagt?«, fragt Großohr.

»Ja«, erwidere ich. »Und er hörte sich auch genau wie der Mann aus Stahl an, wenn er am Radio spricht. Nur hat er ziemlich viele hässliche, unanständige Wörter benutzt.«

»Ein Mann aus Stahl, der redet ...« Großohr schüttelt den Kopf und pfeift ehrfürchtig.

»Ein Mann aus Stahl, der flucht«, sagt Narbengesicht, von meinen Neuigkeiten ganz offensichtlich verblüfft, »einer, der Stimmtraining hatte. Und Unterricht in Schimpfen und Beleidigen.«

»Wenn sie jetzt einen *Sprecher* eingestellt haben«, sagt Großohr, »der wie der Wodsch fluchen kann, hat das Auswirkungen auf uns alle, auf die *Statuen,* die *Stummen,* auf jeden von uns.«

»Versteht sich.«

»Wir sind nur *Läufer,* weißt du«, erklärt Felix. »*Ausdauernde* ...«

»Und Kommer und Geher«, ergänzt Raschid.

»Wie bitte?«, frage ich.

»Wir sind Doppelgänger«, sagt der eine, »für den großen Wodsch.«

»Und treten manchmal sogar dreifach auf«, sagt der andere. »Wir kommen an seiner statt, wenn er gleichzeitig an verschiedenen Orten sein muss. Zurzeit sind wir fünf, alle zusammengezählt.«

»So kann er sich auf der Krim um Staatsangelegenheiten kümmern«, sagt Raschid, »während wir für ihn bei irgendeiner Parade auf dem Märtyrerplatz stundenlang Panzer angucken und zugleich die Druckerei des Roten Proletariats in Nowgorod eröffnen.«

»Oder es geht das Gerücht, ein fremder Agent plant ein Attentat auf den Wodsch; dann sitzen wir in der ersten Limousine, ziehen das Feuer auf uns und kassieren vielleicht auch die Kugel, während er weiter hinten sicher durchkommt.«

»Wenn der Wodsch einen Tag hier in der Datscha verbringt, dürfen wir es uns manchmal in einem seiner Zimmer bequem machen. Ziemlich cool. Dann sitzen wir in seinem Sessel und lesen *Pharao* von Bolesław Prus, eines seiner Lieblingsbücher, oder *Die Kampfgeschichte der 2. Gardepanzerarmee von Kursk bis Berlin: Band 1: Januar 1943 – Juni 1944*, noch ein Lieblingsbuch. Nur will er nicht, dass wir seine Zigaretten rauchen oder von seinem Mineralwasser trinken.«

»Sollte ein Attentäter einbrechen, weiß er nicht, auf wen er schießen soll. Oder er wird von uns so getäuscht, dass er den falschen Mann aus Stahl umbringt, was für das Vaterland ein großer Segen wäre.«

»Allerdings dürfen wir nicht wie der Wodsch reden, damit wir nichts Falsches sagen.«

»Einmal hat ein Ersatz-Wodsch bei einem Botschaftsessen zu viel getrunken und sich danebenbenommen, hat sich unterm Tisch auf etwas zu intime Weise der Frau des schwedischen Botschafters genähert. Danach ist er ein übereiltes, unbedachtes Abkommen mit den Amerikanern eingegangen ...«

»Ein böser Fehler.« Raschid hielt sich Daumen und Zeigefinger an die Schläfe und tat, als würde er eine Pistole abfeuern.

»Danach mussten wir schwören, bei offiziellen Anlässen

nichts mehr zu sagen«, fährt Felix fort. »Ist sicherer für alle Beteiligten.«

»Tja, dieser alte Mann redet jedenfalls ohne Punkt und Komma«, sage ich. »Und er flucht wie ein Droschkenkutscher. Sogar Marschall Bruhah hat er angeschnauzt und ihn einen *Eselsarsch* genannt.«

Raschid hebt die Brauen. Felix runzelt die Stirn und reibt sich das Kinn. Schweigend blicken sie mich an.

»Weißt du was, Junge?«, sagt Felix schließlich. »Ich glaube, du hast IHN getroffen, den Wodsch höchstpersönlich.«

»Dann ist er also ziemlich klein und hat Fuchsaugen?«, frage ich. »Raucht Pfeife und stinkt wie ein Ziegenbock?«

»Keine Ahnung«, erwidert Felix. »Ehrlich gesagt, ich habe ihn nie getroffen.«

»Ich auch nicht«, sagt Raschid, »nur einmal ist er mir im Palast des Volkes auf der Treppe entgegengekommen. Zumindest habe ich geglaubt, er sei's, aber man weiß ja nie … Vielleicht war das auch bloß noch einer von uns, denn wir haben beide salutiert …«

»Es ist unsere Aufgabe, in seiner Abwesenheit *er* zu sein, verstehst du«, sagt Raschid, »nicht, ihn zu grüßen.«

»Er hat Wichtigeres zu tun«, sagt Felix, »als mit so unwichtigen Leuten wie uns zu schwatzen …«

»Er muss sich um sein Volk kümmern«, sagt Raschid.

»Muss fünfzehn sozialistische Volksrepubliken regieren«, sagt Felix, »von Armenien bis Usbekistan.«

Das jagt mir einen Schauder über den Rücken. Hätte ich von Anfang an gewusst, dass ich mit dem echten Josef rede, dem Mann aus Stahl, wäre ich, versichere ich mir im Nachhinein, viel vorsichtiger mit dem gewesen, was ich sage und wie ich es sage.

★

Es überrascht mich nicht, dass wir, noch während ich den Luxus genieße, ein gekochtes Ei in der Gesellschaft meiner beiden neuen Freunde zu essen, den zwei berühmtesten Stählernen in der ganzen weiten Welt, in unserem Gespräch von einem Mann unterbrochen werden, der sich als Genosse Alexei Diki vorstellt, Direktor des hauptstädtischen Kunsttheaters.

In Aussehen und Kleidung hat auch er verblüffende Ähnlichkeit mit dem Großen Vater, dem Gärtner menschlichen Glücks, dem Netten Onkel, Mann aus Stahl, Genosse Josef höchstselbst.

Stirnrunzelnd sieht er auf mich herab und schaut Raschid und Felix finster an. Er sagt, sie sollen sich fürs tägliche Training fertig machen.

Er sagt, sie würden mit den Methoden seines persönlichen Freundes und Mentors arbeiten, jenen des verstorbenen Theaterdirektors Konstantin Sergejewitsch Stanislawski, möge er in Frieden ruhen, dem engen Vertrauten von Anton Tschechow, Leo Tolstoi, Nikolai Gogol und Alexander Puschkin.

Er sagt, sie würden den Pausenraum des Personals als Probenraum nutzen und in zweieinhalb Minuten anfangen. Wir möchten den grünen Saal daher sofort verlassen. Er sagt, sie würden ihr *emotionales Gedächtnis* aktivieren müssen, die *gelebte Wahrheit* ihres Lebens.

Er sagt, ich solle mitkommen und mich nützlich machen, Erfrischungen aus der Küche holen, das Zimmer ausfegen und nach Bedarf Handlangerarbeiten erledigen. Ihm kommt gar nicht in den Sinn, dass ich einen Vater zu finden oder etwas anderes zu tun haben könnte, als ihm zu Diensten zu sein.

Ganz nebenbei frage ich ihn, ob er auf seinen Gängen durchs Haus meinen Papa getroffen hat, Doktor Roman Alexandrowitsch Zipit.

»Und wer soll das sein? Dein sogenannter Vater …?«

»Er ist Tierarzt, ein berühmter Elefantologe.«

»Dann bin ich ihm nicht begegnet. Das Theatralische und Elefantastische sind Berufe, die selten dem drängenden Ruf gehorchen, sich zusammen am selben Ort einzufinden.«

»Wie schade«, rufe ich aus. »Ich habe ihn nämlich aus den Augen verloren.«

»Wie alt ist er?«

»Siebenundfünfzig. Und drei Viertel.«

Er nickt feierlich. »Keine Sorge. Das Alter liefert die Lösung. Hat er es so weit im Leben gebracht, verfügt er über die Fähigkeit, auch ohne dich zurechtzukommen. Er wird's also überleben. Und wieder auftauchen. Machen Verwandte immer, ob man will oder nicht.«

Er schickt einen Blick voller Mitgefühl zu mir hinab und streicht mir über den Kopf.

Natürlich bleibe ich in seinem Gefolge, trage, wie geheißen, einen kleinen Samowar.

Ich muss sagen, von all den Männern aus Stahl, die ich bislang kennengelernt habe, beeindruckt mich keiner so

sehr wie Genosse Alexei Diki; er wirkt natürlich, lebens-
echt und viel wirklicher als der wirkliche Wodsch, den
ich dagegen alt finde, müde, mürrisch, schmutzig, stinkig
und verbraucht.

Er geht fast mit demselben Schritt wie der Genosse, den
wir in den Wochenschauen sehen, das Gesicht zeigt Größe und Gelassenheit. Seine Nähe wirkt wie ein Stromstoß, mir stellen sich die Härchen im Nacken auf, und ich
kann mein Herz wummern hören, ein Puckern in meinen Ohren.

Er ist ein Mann aus Stahl, dem man barfuß durchs Kalte
Land und bis zum Tor der Hölle folgen würde.

»Nun kommt schon, ihr Riesenzwerge, ihr Bauerntrampel ...«, blafft er Felix und Raschid an, »heute lernt ihr,
kein Mensch, sondern ein *Monument aus Granit* zu sein.«

6. Unsterblichkeit für Anfänger

Wenn der Vater Professor für Neurologie ist, speziell der Großhirnrinde, und wenn er Akademiker empfängt, Schriftsteller duldet, sich mit Intellektuellen abgibt, immer wieder gern zuhört, wenn Schauspieler ein weiteres Mal ihre Lieblingsgeschichten zum Besten geben, und selbst Künstlern das Haus nicht verbietet, obwohl die glauben, die Welt schulde ihnen ein Auskommen, dann wird das Leben selbst zur besten Erziehung, und man lernt jede Menge, wenn man nur hört, was um einen herum gesagt wird, über den Kopf hinweg, hinterm Rücken, durch dünne Wände oder direkt ins Gesicht.

Dies ist zum Beispiel eine Geschichte, die Papa in meinem Beisein Genossin Anna erzählt hat, der Kuratorin für Große Säugetiere:

Es gab einmal einen internationalen Wettbewerb um das beste Buch über Elefanten. Frankreich reichte einen üppig illustrierten Band mit dem Titel ein: *Das Sexleben der Elefanten.*
England bewarb sich mit der Abhandlung: *Elefanten, ein Geschäftsmodell.*
Deutschland lieferte ein

vierundzwanzigbändiges Werk mit dem
Titel: *Theorie und Praxis der Elefantologie.*
Eine Einführung.
Die USA schickte eine Million Flugblätter für
eine Tombola: *Gewinne einen Elefanten. Ohne
Kaufverpflichtung.*
Unser Vaterland gab drei Bände ab; ihre Titel:
Bd. 1: *Die Rolle der Elefanten in der Großen
Oktoberrevolution.*
Bd. 2: *Das glückliche Leben der Elefanten unter
unserer progressiven sozialistischen Verfassung.*
Bd. 3: *Die Union der Sozialistischen Volksrepubliken,
das Vaterland der Elefanten.*

Papa hat mir auch erzählt, dass Elefanten in den USA ein
trauriges Leben führen und dass einige der schlimmsten
Verbrechen in der Geschichte Amerikas gegen Elefanten
begangen wurden.
Er hat von Thomas Edison erzählt, dem Erfinder, der
1903 einen Elefanten namens Topsy im Luna Park von
Coney Island durch einen Stromstoß ermorden ließ.
Der Mord wurde gefilmt und der Film in den Kinos gezeigt, um auf die Gefahren des Wechselstroms hinzu-
weisen, weil die Leute *seinen* Strom kaufen sollten –
also Gleichstrom.
Und Papa hat erzählt, wie 1913 einem alten Elefanten namens Mary der Prozess gemacht wurde, nachdem sie sich
gegen die Misshandlung durch ihre grausamen Wärter
zur Wehr gesetzt hatte. Die Jury sprach Mary des Mor-
des schuldig, woraufhin man sie zum Tode verurteilte –

durch den Strang; sie wurde an einem Industriekran aus
Eisenbahnschienen aufgehängt.

★

Doch Papa und ich, wir reden nicht bloß über Elefanten,
schließlich haben wir noch viele andere gemeinsame In-
teressen. So unterhalten wir uns oft auch lange über Zoos,
das Abendessen, über gute Manieren, Wissenschaft und
sogar über Fußball.
Von Papa weiß ich auch, dass sich der Mann aus Stahl leb-
haft für veterinärmedizinische Fragen interessiert, so-
wohl biologische wie experimentelle.
Papa hat erzählt, Professor Ilja Iwanowitsch Iwanow, sein
eigener Lehrer, habe die *künstliche Befruchtung* erfunden,
eine besondere Weise für Tiere, Sex zu haben – und das
fast ganz ohne Spaß und sogar ohne jede Notwendigkeit,
einander zu berühren.
Und dann sind ihm mit der persönlichen Genehmigung
des Obersten Genossen vom Politbüro Gelder zur Entwicklung eines neuen Typs Lebewesen bewilligt worden,
eines Mensch-Primat-Hybriden, da man hoffte, die Sozialistische Union könne sich dann mithilfe einer neuen Armee verteidigen, einer Armee aus unbesiegbaren Kampf-
maschinen, die Soldaten halb Affe, halb Mensch.
Es ist nur eine Frage der richtigen Balance. Die Generäle haben nämlich erlebt, wie verängstigt und schmerz-
empfindlich rein menschliche Soldaten sein können, wie
furchtsam und auch wie pingelig, wenn's ums Essen geht.
Affen dagegen kämpfen gern und fressen jeden alten, ver-

gammelten Dreck, folgen allerdings keinen Befehlen, tragen keine Käppis, marschieren nie in Reih und Glied, machen sich nichts aus Uniformen, salutieren vor keinem Vorgesetzten und halten auch nichts von militärischer Disziplin.

Also fuhr Professor Iwanow zum Pasteur-Institut nach Conakry in Guinea, um dem Soldatenblut robusten Affengeist beizumengen und die wilde Äffigkeit mit menschlichem Gehorsam zu dämpfen.

Erst versuchte er, weibliche Affen mit menschlichem Sperma zu schwängern, aber irgendwie hat das nicht geklappt. Als gäbe es da ein Hindernis, eine Barriere.

Folglich kehrte Iwanow heim ins Vaterland, um das Umgekehrte zu versuchen. Er spritzte das Sperma von Orang-Utans in einige Frauen, nur gelang es den Affen nie, eine der sozialistischen Damen zu schwängern; außerdem hielten die Tiere wohl nicht allzu viel vom slawischen Klima und von slawischer Ernährung, weshalb sie rücksichtsloserweise einfach krepierten. Sogar Tarzan, Iwanows Liebling. Und als Iwanow keine Orang-Utans mehr hatte und auch keine Affenwichse, wurde er verhaftet und starb an einem Schlaganfall.

Trofim Lyssenko aber, der Leiter des Instituts für Genetik an der Sozialistischen Akademie der Wissenschaften, sagte dem Obersten Genossen, er könne Pflanzen und Tieren *beibringen*, das slawische Wetter zu mögen. Und dass die Pflanzen das Gelernte ihren Nachkommen vererben würden, die dann ihrerseits wieder dazulernten und dies Gelernte gleichfalls weitergeben würden. Irgendwann würden sich sogar Kokosnuss, Ananas und

Apfelsine ans Kalte Land anpassen und den Schnee lieben lernen.

Allerdings erwies sich, dass es schwerer war als gedacht, den Pflanzen beizubringen, Minustemperaturen zu mögen, weshalb es viele schlechte Ernten gab, Jahr um Jahr, ohne dass das Gemüse viel übers Kalte Land gelernt oder dass es die Liebe zum eisigen Vaterland an die Nachkommen weitergegeben hätte.

In meiner Schulklasse gilt unser Mathelehrer – Professor Pawel Popow – als streng, doch möchte ich behaupten, er ist nicht ein Viertel so streng oder nur halb so sarkastisch wie Genosse Theaterdirektor Alexei Diki in seinem Bemühen, Raschid und Felix beizubringen, wie sie sich als der Große Vater, als Genosse Josef, als Mann aus Stahl zu benehmen haben.

»Wenn ich dich bitte, wie der Mann aus Stahl durchs Zimmer zu gehen«, faucht der Direktor Felix an, »dann verlange ich nicht gerade viel. Ehrlich gesagt, ich verlange sogar äußerst wenig, wenn ich möchte, dass du dein *emotionales Gedächtnis* einsetzt, um dich davon in deiner *Methode der physischen Handlung* leiten zu lassen. Und ich bitte dich, den Hintergrund zu berücksichtigen, die *Umstände,* die uns über diesen darzustellenden Menschen, Unseren Führer, bekannt sind ...«

Dann hält der Direktor einen Vortrag über die *gegebenen Umstände,* die den Mann aus Stahl gehen lassen, wie er nun einmal geht – er ist siebzig Jahre alt, stammt aus

Georgien, hat am linken Fuß zwei zusammengewachsene Zehen, sein Vater war Schuhmacher, seine Mutter Magd; als kleines Kind überlebte er die Pocken, und als junger Mann verkümmerte nach einem Unfall der linke Arm; er ging in Tiflis aufs Priesterseminar, schloss sich Genosse Lenin und den Bolschewiken an; seine junge Frau gebar ihm einen Sohn, starb dann aber an Typhus; er kämpfte in der Revolution, kämpfte mit den Roten gegen die Weißen, wurde Mitglied der provisorischen Sowjetregierung ...

Und gerade, wenn man glaubt, der Direktor habe genügend Hintergrund dafür geliefert, warum der Stählerne geht, wie er geht, fängt er an, von den *Zielen* zu reden, dann von den *Überzielen*. Und was ist die *Überaufgabe?* Was mit dem magischen *Als-ob?*

Vor allem aber verlangt er, dass Felix und Raschid sich die fundamentalen Fragen nach dem Geh-Komplex stellen ... *Warum* geht der Stählerne durchs Zimmer? *Was* besagt es für die Welt, wenn er durchs Zimmer geht?

Und was, wenn er das Zimmer durchquert hat, hofft er, damit zu *bewirken?*

»Und nun bitte ich dich ein letztes Mal, bitte dich höflichst und geduldig im Geiste der Kameradschaft, bitte dich von Künstler zu Künstler ...«, fährt Direktor Diki fort, »gehe durchs Zimmer wie der Oberste Genosse, aber denk dran, du bist der Mann aus Stahl, Führer der Sozialistischen Welt, dein stählerner Wille hat Hitler bezwungen ..., und doch hast du auch eine zärtliche Seite, die dich Kinder lieben lässt, die Familie, das Land, Mozart, vor allem die späten Klavierkonzerte, insbesondere Nummer 21 in C-Dur, aber auch die Literatur, etwa die Kurzgeschichten von Tschechow, vor allem *Die Dame mit dem Hündchen* ...«

Man sieht dem armen Felix an, wie sehr ihn diese vielen Informationen einschüchtern und verwirren. Er weiß jedenfalls nicht recht, wie sie ihm helfen sollen, seine Füße zu bewegen, und schon tritt er auf seinen offenen Schnürsenkel und stolpert über den Samowar.

»Tut mir leid«, entschuldigt sich Felix lahm, rappelt sich auf und klopft sich den Staub ab.

»Ist nicht deine Schuld«, gibt der Direktor zu. »Du bist eben nur ein Bauer, ein Alleinunterhalter für Kinder, ein Jonglierer aus Jekaterinburg, der nichts weiter als ein passendes Gesicht zu bieten hat ... Wir haben zu hohe Ansprüche gestellt ... Du kannst deine Arme nicht richtig bewegen. Noch nicht. Du weißt nicht, wie man die Beine nutzt, kennst keine Balance. Dein Schwerpunkt liegt falsch ... Und du hast keinen Schimmer, wie man den Kopf hält ... Also zurück zum Grundlegenden; lernen wir erst einmal, wie der Stählerne zu *atmen* ...«

Ein Frühstück ist meine erste Mahlzeit mit dem Wodsch. Ich soll alles kosten, was man auftischt. Und wenn mir nach einer halben Stunde nicht schlecht wird, weiß er, im Essen ist kein Gift und er kann unbesorgt zulangen.

Er sitzt in seinem Zimmer am Tisch und nickt mir zu, dann blickt er wieder auf seine Papiere, mehrere Blätter mit einer Liste maschinengeschriebener Namen. Wie ein

Lehrer, der Schularbeiten korrigiert, hakt er jeden Namen ab und nickt dabei, lächelt manchmal sogar.

Das Frühstück wurde auf einem kleinen runden Tisch gedeckt. Vieles ist mir vertraut, Brot, Haferbrei, Joghurt, Käse, Aufschnitt, Nüsse und getrocknete Früchte, nur weiß ich nicht, wie ich mit dem langen, gebogenen, fleckigen, gelben Gemüse umgehen soll. Was es auch ist, slawisch ist das jedenfalls nicht.

An jedem Ende verjüngt es sich, hat an einer Seite eine schwarze Narbe, an der anderen einen fahlen Stängel. Aber was soll's, ich schnappe mir das Ding und beiße zu. Das Äußere ist fleischig, faserig, ein Geschmack, der einem durch und durch geht; das Innere ist eine weiche, süße Masse.

»Man schält sie erst.«

»Ach so?«

»Man nennt sie *Banane,* ist mein Lieblingsobst. Hier. Ich zeig's dir, Aber nur dieses eine Mal.«

Er pflückt sich eine vom Bündel und zeigt, wie man das Ding auszieht, wie man die Rinde der Länge nach in drei Streifen abschält und die krumme Säule des cremigen weißen Innern freilegt.

Er knappert die Spitze ab, kaut, nickt und schluckt.

Er hat recht. Bananen sind essbar, sofern man ihnen die Haut abzieht. Eigentlich schmecken sie gar nicht mal übel.

Man mache sich aber nichts vor. Es ist wirklich kein leichter Job, Vorkoster erster Klasse für den Obersten Genossen zu sein, für den Mann aus Stahl und Generalsekretär des Zentralkomitees der Kommunistischen Partei der Sozialistischen Sowjetrepublik.

Nach wenigen Tagen wird mir klar, dass der Wodsch an Schlaflosigkeit leidet und über einen herzhaften Appetit verfügt. Es muss jede Menge gegessen werden, zu jeder Tages- und Nachtzeit; vom Trinken will ich gar nicht erst reden. Meine Arbeitszeit ist weder kurz noch geregelt.

Die Hauptarbeit fällt meist zwischen elf Uhr abends und drei Uhr früh an, da der Stählerne dann in der Datscha ein ausgiebiges, spätes Essen mit seinen Kollegen einnimmt, mit Bruhah, Malarkow, Bulgirow und Kruschka. Erst wird getrunken, dann artet es oft in ein Zechgelage aus, gern mit Pfänderspielen, Wetten, Ringkämpfen und wildem Getobe, wobei sich manch einer der Herren in die Hose macht, kotzt oder zusammenbricht, und sie prügeln sich, fallen die Treppe runter, Glas geht zu Bruch. Das kann bis morgens fünf oder sechs Uhr dauern.

Das Frühstück ist ein kurzes, simples Mahl irgendwann am Vormittag, am Nachmittag folgt ein leichtes Mittagessen.

Anders als ein stellvertretender Vorkoster oder ein Vorkoster zweiter Klasse muss ein Vorkoster erster Klasse bei sämtlichen drei Mahlzeiten zugegen sein und jegliches Essbare kosten sowie die fürs leibliche Wohl und zum Vergnügen des Stählernen dargebotenen Getränke probieren.

Dies ist keine Arbeit für einen mäkligen Esser, da man alles probieren muss, ob es einem nun schmeckt oder nicht. Als Mann aus Georgien liebt der Stählerne viele heimische Köstlichkeiten, darunter Auberginen, Walnüsse, Feigen und derlei, aber auch Innereien, die so manch einer gar nicht essbar fände.

Und es ist keine Arbeit für einen gierigen Menschen, da man versuchen muss, das eigene Vorgehen zu vertuschen und von allem nur das absolute Minimum zu essen.
Der Wodsch will nicht sehen, dass auf seinem Teller was fehlt, und will nicht merken, dass ihm jemand das Beste schon wegstibitzt hat.
Er isst gern, aber was er isst, tut ihm nicht immer gut. Die dritten Zähne sitzen schlecht und scheuern manchmal an seinem Gaumen, weshalb er gewarnt werden möchte, wenn er viel kauen muss.
Er hasst es, von brandheißem oder eiskaltem Essen überrascht zu werden, weil ihm davon das Gebiss wehtut.
Gewöhnlich traut der Stählerne ungeöffneten Flaschen, Flaschen mit intaktem Verschluss oder jenen, die noch nicht entkorkt wurden. Von allen anderen muss erst der Vorkoster probieren.
Zigarren oder Zigaretten lassen sich leichter manipulieren, also müssen geöffnete Päckchen überprüft werden, ehe der Wodsch sorglos paffen kann.
Dank der Anforderungen meiner Arbeit werde ich also mit gerade mal zwölf Jahren ein leichter Raucher und schwerer Alkoholiker.

Ich bin keine Petze und tratsche nicht. Ich würde nie wen verpfeifen. Zumindest nicht absichtlich.
Ich hatte deshalb auch gar nicht vor, Professor Nikolai Anichkow, den Präsidenten der Akademie der Medizinwissenschaften, in Schwierigkeiten zu bringen. Ich ken-

ne ihn ja nicht einmal. Das Ganze passiert rein aus Zufall, und zwar folgendermaßen:

Am Nachmittag findet Matriona mich im Probenraum. Sie sagt, der Wodsch ruft mich, um von seinem Frühstück zu kosten.

Der Kranke ist gut gelaunt und lächelt, als er mich sieht, dann aber jammert er über sein Rheuma, sein launisches Herz, die mürben Knochen und sagt: »Alt werden ist schlimm. Der Kopf ist willig, aber der Leib wird schwach.« Natürlich erwidere ich: »Dann sollten Sie sich besser einen *Autojektor* besorgen.«

Ehrlich gesagt, ich habe das nicht ernst gemeint. Es sollte ein Witz sein.

»Einen was?« Er runzelt die Stirn, denn – wie ich inzwischen weiß – er mag es nicht, wenn andere Leute etwas wissen, was er nicht weiß.

Ich erkläre es ihm so gut ich kann. Ein *Autojektor* nennt sich jene Herz-Lungen-Maschine, mit der Professor Sergei Brjuchonenko den zuvor abgetrennten Kopf eines Hundes am Leben erhielt. Papa hat mir alles darüber erzählt, und ich nahm an, der Kranke wisse darüber Bescheid. Schließlich hat er dafür bezahlt.

Und ich dachte, alle Welt hätte die Bilder vom lebenden Kopf des Hundes gesehen, der, vom Körper getrennt, nicht gerade zufrieden dreinsah, wie er da an Schläuche angeschlossen auf einem Emaille-Tablett lag und eine Gruppe Wissenschaftler anfauchte und anknurrte.

»Sie könnten Ihren Kopf also auf einem Teller am Leben erhalten«, erkläre ich, »und müssten sich um den kranken alten Leib nicht länger kümmern.«

»Aber das ist ja die *Unsterblichkeit des Geistes*«, ruft der Kranke. »Warum hat mir niemand davon erzählt?«

»Wenn Ihnen das lieber wäre«, schlage ich vor, »könnten Sie allerdings auch einen neuen, jüngeren Körper bekommen.«

»Nur wie«, will der Kranke wissen, »kriege ich einen anderen Körper?«

»Tja«, antworte ich, »ganz einfach ist das nicht, aber Professor Wladimir Demikow hat es mit einem Hund geschafft.«

»Was hat er geschafft?«

»Er hat einen zweiten Kopf auf einen Hund aufgepfropft, also kann er das bestimmt auch bei Menschen machen.«

»Er hat einen alten Kopf auf einen jüngeren Körper gesteckt?«, fragt er. »Ehrlich?«

»Ja«, erwidere ich, »nur …«

Und ich zähle einige Nachteile auf. Eigentlich alle offensichtlich. Man muss denselben Körper mit jemand anderem teilen, sprich mit dem Kopf, der schon da war. Dem jetzigen Körperbewohner. Bedeutet natürlich einen gewissen Verlust der Privatsphäre.

Und dann hat man zwei Köpfe, was einen zu was Besonderem macht und für einige Aufmerksamkeit sorgen dürfte, vor allem bei öffentlichen Ereignissen wie der Mai-Parade auf dem Siegesplatz.

Außerdem könnte es zu Meinungsverschiedenheiten kommen, wenn die beiden Köpfe unterschiedlicher Ansichten sind – darüber, was der Körper tun soll oder wer das Sagen hat … Aber immerhin – man lebt mit einem neuen, jüngeren Körper.

»Ja?«

»Und der neue, gesündere Körper würde über Ihre Lebenserfahrung verfügen. Könnte für alle Beteiligten von Vorteil sein.«

Aus irgendeinem Grund aber habe ich den Kranken sehr wütend gemacht. Er läuft dunkelrot an, dann beben seine Wangen, die Nasenflügel zucken.

Er schnappt sich den Hörer des grünen Bakelittelefons und schreit in die Muschel:

»Holt mir den Präsidenten der Akademie der Medizinwissenschaften ...«

Ich höre ein undeutliches Quieken am anderen Ende.

»Ja, Nikolai Anichkow«, knurrt er. »Soll innerhalb der nächsten Stunde hier sein ...«

In wütendem Unglauben schüttelt der Wodsch den Kopf.

»Verräter«, faucht er.

»Im Ernst?«

»Jahrelang fördere ich seine Forschungen und den Kampf gegen das Alter. Jetzt aber, wo dank sozialistischer Wissenschaft Unsterblichkeit möglich ist, bin ich offenbar der Letzte, der davon erfährt ... *Wollen* die vielleicht nicht, dass ich ewig lebe?«

Die Trauer fährt mir ins Mark, während ich mich krampfhaft daran zu erinnern versuche, wie es heißt, wenn man unglaublich mächtig, aber tödlich krank ist und doch menschlich bleibt.

Selbst der Mächtigste auf Erden kann dem Tod nicht entkommen. Wenn man gehen muss, muss man gehen.

7. Das Leben des Jonglierers

»Das muss ein schönes Leben sein«, sage ich zu Felix, »als Doppelgänger des Stählernen. Fast so schön wie die Stelle des persönlichen Vorkosters erster Klasse.«

Felix denkt darüber nach, ohne zu antworten und ohne die Miene zu verziehen, schaut auf seine blitzenden Stiefelspitzen, bürstet einige Fussel von seiner Marschalljacke.

Ich sehe ihm an, wie sehr ihn die *Wie-benehme-ich-mich-als-Oberster-Genosse*-Stunden mit Direktor Diki entmutigt haben. Es gab jede Menge Geschrei, Klagen und Kritik, Fortschritte aber wurden kaum erzielt. Der Direktor war streng und stellte hohe Anforderungen, die Felix nicht einmal annähernd erfüllen konnte. Also gebe ich mir größte Mühe, ihn ein wenig aufzuheitern.

»Sie kommen bestimmt viel rum«, sage ich, »lernen wichtige Leute kennen, und alle zollen Ihnen Respekt.«

»Eine Anstellung auf Lebenszeit«, antwortet Felix, »nur weiß man nicht, wie lang das Leben dauert ...«

»Sie dienen dem Vaterland, der Partei und dem Stählernen höchstpersönlich«, sage ich.

»Was die Opfer sicher lohnt«, sagt Felix und blickt sich dabei über die Schulter, wie um sich zu vergewissern, dass niemand sonst zuhört.

»Opfer?«, frage ich.

»Na ja, weißt du …« Felix seufzt. »Die Sache ist die …«

★

Felix zufolge war er ein von Grund auf glücklicher, herzensguter Mensch, der sich über alles freute, was ihm das Leben zu bieten hatte. Er ging gern auf der sonnenhellen Seite der Straße, genoss überhaupt die Sonnenseite des Lebens und achtete darauf, dass sein Glas stets halb voll und nie halb leer war.

In einer Zirkusschule ließ er sich zum Jonglierer und Tänzer ausbilden, dann schloss er sich einer Theatergruppe aus Jekaterinburg an. Am liebsten arbeitete er mit dem Puppentheater und dem Theater für Musikkomödie oder trat auf privaten Kinderpartys von Parteifunktionären auf.

Er trug gern Theaterschminke, eine Maske oder Tierkostüme, die sein wahres Aussehen verbergen, vor allem den Kopf. Ist er zurechtgemacht oder verkleidet, sieht er nämlich anders aus. Dann sieht keiner mehr die vermaledeite Ähnlichkeit.

Nur einmal angenommen, er ginge ohne Schminke aus, normal gekleidet, ginge in eine laute, volle Gaststätte, in ein gut besuchtes Restaurant, zum Hochzeitsempfang eines Cousins, zu einem Klassentreffen oder auf eine Fußballtribüne – so sicher, wie die Nacht auf den Tag folgt, passierte stets das Gleiche.

Die Menge verstummt. Man weicht von seiner Seite. Die Welt sieht ihn scheel an, während sie zugleich vorgibt, er sei gar nicht da. Man leugnet das Offensichtliche und glaubt, er verschwände, wenn man sich blind stellt.

Er hört ein Flüstern und Murmeln.

»Das kann nicht sein!«

»Aber seht ihn euch an.«

»Dieses Gesicht!«

Denn auch ohne Schnäuzer und trotz seiner Jugend besitzt er eine verblüffende, ganz außergewöhnliche Ähnlichkeit mit dem Obersten Genossen, dem Generalsekretär des Zentralkomitees der Kommunistischen Partei der Sozialistischen Sowjetrepubliken.

Manchmal schwindelt das eigene Gesicht. Obwohl er eine kameradschaftliche, gütige Seele ist, strahlt er arrogante Verachtung aus.

Die meisten Menschen begreifen, dass er eigentlich nicht der Stählerne sein kann, fühlen sich aber nicht wohl in ihrer Haut. Lässt die Partei sie überprüfen? Ist dies ein ausgefallener Trick, ihre Treue auf die Probe zu stellen? Ist er ein naher Verwandter – ein Sohn? Vielleicht ein Bruder? Der das Vertrauen des Großen Führers besitzt und Anteil an seiner Macht hat?

Als die Deutschen einmarschierten, meldete Felix sich freiwillig, um das Vaterland zu verteidigen. Er glaubte, jetzt könne er endlich ein ganz normaler Kerl sein, könne ein einfacher Soldat in Infanteristenuniform sein, genau wie alle anderen.

Die Offiziere reichten ihn von Einheit zu Einheit weiter. Niemand wollte ihn in seiner Kompanie haben. Er war im besten Falle peinlich, im schlimmsten ein schreckliches Omen, bedeutete vielleicht gar die Todesstrafe.

»Soldat Dadajew.« Er salutierte vor dem Hauptmann. »Melde mich zum Dienst. Bereit, zur Verteidigung des ruhmreichen Vaterlandes zu kämpfen.«

»Ja?« Der Hauptmann zuckte zusammen, runzelte die Stirn und reichte dem einfachen Soldaten mit furchtsamer Hochachtung die Hand. »Es ist mir eine Ehre, Sie kennenzulernen.«

»Bei welcher Einheit soll ich mich melden?«

»Das kann ich Ihnen nicht sagen«, erwiderte der Kommandeur, »da ich Ihnen ungern befehlen würde, was Sie zu tun oder wo Sie sich zu melden haben. Die Wahl liegt ganz bei Ihnen, Genosse. Bitte, machen Sie, was Ihnen beliebt, aber bitte, belieben Sie, sich woanders zu belieben.«

»Wenn es *Ihnen* beliebt«, erwiderte Felix, »würde ich gern gegen den Nazi-Abschaum kämpfen und bei der Verteidigung von Väterchen Vaterland einen heldenhaften Tod sterben.«

Der Unteroffizier wisperte dem Leutnant zu, der dem Hauptmann ins Ohr flüsterte.

»Woanders wäre besser ...«, sagte er Felix. »Bedauerlicherweise können wir es Ihnen nicht gestatten, bei uns zu sterben. Sie sollten Ihr höchstes Opfer woanders bringen. Hier haben Sie einen Passierschein. Nehmen Sie noch eine Extraration mit, begeben Sie sich nach Kursk und schließen Sie sich der 95. Schützendivision an. Die brauchen Ihren heldenhaften Tod dringender als wir hier.«

Und so wurde er von Pontius zu Pilatus weitergereicht. Am Ende nahm er die Sache selbst in die Hand. Bei der Belagerung von Uman sprang er in einen Graben zur

192. Schützendivision der 12. Armee und schaffte es, sich in seiner ersten halben Stunde im aktiven Dienst beinahe umbringen zu lassen, denn als er über den Grabenrand linste, schoss ihm ein deutscher Scharfschütze in den Hals.

Wie er im Sterben lag und das Lebensblut in hohem Bogen aus seinem Nacken spritzte, hörte er die Sanitäter reden.

»Die Ähnlichkeit ist perfekt.«

»Hast du dem Politkommissar schon Bescheid gesagt?«

Als Felix viele Tage später wieder aufwachte, lag er in einem sauberen weiß gefliesten Raum, in dem es nach Lysol roch – nur war er leider nicht im Himmel.

Er spürte ein schreckliches Brennen auf beiden Wangen. Man hatte an ihm einige zusätzliche Operationen vorgenommen, nachdem er wiederbelebt und das Loch vernäht worden war, das die Kugel hinterlassen hatte. Beide Ohren wurden umgeformt, und man brannte ihm mit Chlorwasserstoffsäure ein paar dunkelrote Narben in die Wangen, die den Pockennarben des Stählernen ähneln.

Er lag in einem geheimen Krankenhaus gleich außerhalb der Hauptstadt und befand sich in den Händen des Volkskommissariats des Innern. Es war keine glückliche Rückkehr ins Leben.

Man sagte ihm, er sei tot. Tot in jeder Hinsicht.

Tot für seine Familie, die über sein Ableben informiert und der sein Grab gezeigt wurde.

Tot hinsichtlich seiner früheren Laufbahn als Unterhaltungskünstler.

Tot, was sein einstiges Gesicht anging. Jetzt glich er dem Stählernen bis aufs Haar.

★

»Wenigstens hatte ich nicht Frau und Kinder«, sagt Felix.

»Was hätte das für einen Unterschied gemacht?«, frage ich.

»Wird man zum Doppelgänger, verschwinden mit der Zeit alle um dich herum, die engste Familie ...«

»Verschwinden?«

»Sie werden vernichtet, ausgelöscht, vom Antlitz der Erde getilgt. Damit niemand mehr lebt, der dich wiedererkennen könnte«, sagt Felix, »oder der deinen alten Namen weiß. Der sagen könnte, dass du in Wahrheit nicht der Stählerne bist.«

»Oh.«

»Du verlierst deinen Namen, deine Familie und deine Freunde, deine Vergangenheit und deine Zukunft ...«, sagt Felix. »Doch sieht man davon einmal ab, auch davon, dass man unter Umständen von ausländischen Attentätern erschossen wird, führt man als Doppelgänger des Stählernen ein wirklich schönes Leben, wie du bereits gesagt hast, ein Leben mit besten Aussichten ...«

★

Gestern hat mir der Wodsch eine wahre Geschichte erzählt. Er erzählt gern Witze über seine besten Freunde und engsten Vertrauten, die oft auch seine liebsten Feinde sind.

Genosse Kruschka besucht eine kollektive Schweinemast. Man sagt ihm nach, von Natur aus lustig und freundlich zu sein, falls er nicht gerade einen Tobsuchtsanfall hat oder Bauern im Grenzland eliminiert. Er steigt in einen Koben und tätschelt die sich um ihn sammelnden Schweine, wie sie schnüffeln, schnuppern, schnoben und ihn als ihresgleichen in ihre Rotte aufnehmen.

Am nächsten Tag veröffentlicht *Die tägliche Wahrheit* ein Foto von diesem glücklichen Augenblick. Unter dem Bild steht: *Eine Schweineherde begrüßt den Genossen Kruschka (Dritter von links).*

Als daher die füllige, rundgesichtige, so haarlose wie rosafarbige Person mit Schwabbelkinn und Hängewampe auf mich zuwatschelt und dabei von Spitzohr zu Spitzohr lächelt, glaube ich gleich zu wissen, wer er ist. Das muss der Eber Kruschka sein.

»Bist du der Junge, mit dem der Wodsch Dame spielt?«

»Das bin ich«, bestätige ich. »Ich heiße Juri.«

»Du hast Glück, Juri. Der Stählerne mag dich. Und man erzählt sich, er würde dir Privates anvertrauen. Persönliches. Weißt du, warum?«

Ich zucke die Achseln.

»Du hast recht«, sagt er. »Wie will man wissen, warum der Wodsch den einen mag, den identischen Zwilling aber hasst? Dich mag er sicher, weil du ein Kind bist, ein Narr und harmlos. Außerdem wirkst du nett und hast ein Engelsgesicht ...«

»Er sagt, ich sei der *perfekte* Narr«, erkläre ich. »Er hätte mehrere absolute Idioten, die für ihn arbeiten, aber ich sei sein Lieblingstrottel.«

»Das könnte die Antwort sein«, sagt er und nickt. »Aber manchmal mag der Wodsch wen und mag ihn noch ein bisschen mehr und vielleicht sogar noch ein bisschen mehr. Und rate mal, was dann passiert ...«

»Keine Ahnung.«

»Es stellt sich raus, dieser Mensch war ein Verräter. Von Anfang an. Hat das vertrauensvolle Wesen des Wodschs ausgenutzt. Also wird er verhaftet. Und erschossen.«

»Ehrlich?«

»Ehrlich. Und rate mal, was danach passiert?«

»Keine Ahnung.«

»Von ihm ist keine Spur mehr zu finden. Er ist verschwunden. Komplett. Und nicht nur er. Auch seine Familie. Er wird rückgängig gemacht. Er verdunstet. Wird annulliert. Gestrichen. Ausgelöscht. Samt und sonders. Nicht nur seine Gegenwart und Zukunft, auch seine Vergangenheit verschwindet. Sein Gesicht verdünnisiert sich von jedem Foto. Plötzlich ist da nur noch ein leerer Fleck rechts vom Wodsch, wo er sonst immer stand. Er verflüchtigt sich auch aus dem Gedächtnis der Menschen. Sein Name verschwindet aus dem Index der Bücher. Ein Schreiberling musste die Slawische Enzyklopädie um drei zusätzliche Seiten über Kamenowskas Bandwurm ergänzen, nur um die Lücke zu füllen, die entstand, nachdem man Lew Kamenew erschossen hatte.«

»Wer?«, frage ich. »Lew Kamenew?«

»Eben …« Kruschka nickt. »Genau meine Rede. Wer war das schon? Heute kennt ihn niemand mehr. Und wie lautet die Moral dieser Geschichte?«

»Weiß nicht.«

»Unterschätze nie den Wodsch. Und verrate ihn nie. Niemals.«

»Kapiert.«

»Wie es der Zufall will, habe ich eine kleine Aufgabe für dich. Du errätst bestimmt nicht, worum ich dich bitten will.«

»Soll ich Augen und Ohren offen halten und Ihnen Bericht erstatten?«

»Gut gebrüllt …« Er blinzelt und runzelt überrascht die Stirn. »Wie um alles in der Welt bist du nur darauf gekommen?«

Ich zucke die Achseln. »Ich bin zwar noch neu im Geschäft der Politik«, gestehe ich, »aber ich lerne dazu …«

»Jedenfalls sind wir jetzt wahre und gute Freunde, du und ich«, erklärt er. »Wir werden uns nie wieder trennen, nie zerstreiten. Du darfst mich übrigens *Onkel Nikita* nennen. Ich bin nämlich kein schlechter Mensch, musst du wissen.«

»Nein?«

»Im Moment geht es ein bisschen verrückt zu.« Angesichts seines Ungemachs zieht er die Ferkelnase kraus.

»Verrückt?«

»Ach, ich bade bis zu den Ellbogen in Blut.«

Ich halte das für einen bildlichen Ausdruck, mit dem er mir sagen will, dass es da einige Dinge gibt, die er bedauert.

»So viele Kugeln. So viele Listen. So viele Gruben, die aus-
gehoben werden müssen. So viel Ätzkalk. Allein die Orga-
nisation ist teuflisch.«

»Ja?«

»Wer unter Wölfen lebt, muss mit den Wölfen heulen …
Huhuu … Huhuu …« Er streckt die rosige Zunge aus,
blickt nach oben, als sucht er den Mond, und heult dann
wie ein Wolf. Nicht besonders gut oder realistisch, aber
vielleicht soll das ein Scherz sein.

»Ja?«

»In meinem Innersten aber bin ich ein guter Mensch.
Mein Hund liebt mich und himmelt die Erde an, auf der
ich wandle. Ein finnischer Spitz übrigens; er heißt Tom-
mi. Und meinen Kindern mache ich keine Angst, das
heißt, nur wenn ich will. Meine Frau respektiert mich. Zu
meiner Familie bin ich freundlich und gütig.«

»Prima«, sage ich.

»Manche Menschen können die Arbeit nicht vom Famili-
enleben trennen.«

»Nein?«

»Ich kenne einen Anwalt in Leninstadt, der jeden Abend
nach Hause geht und seine Lieben verhört – oft mit
Stromstößen.«

»Oje.«

»Manche können einfach nicht abschalten, verstehst du?
Die gehen nach Hause und verhaften ihre Verwandten.
Ich will da keine Namen nennen. Sie werfen Freunde ins
Gefängnis, zeigen die Mutter bei der Geheimpolizei an
oder schicken ihre Frau ins Arbeitslager. Und ehe sie es
sich versehen, küssen sie im Bürogebäude die Fahrstuhl-

führerin, schlafen mit der Sekretärin und sind mit der Arbeit verheiratet.«
»Ehrlich?«
»So bin ich jedenfalls nicht.«
»Gut.«
»Keine Hinrichtungen im eigenen Keller.« Er lächelt. »Keine Schauprozesse im Schlafzimmer. Kein Arbeitslager in der Küche.«
Dann hebt er mich hoch, presst mich an sich, dass ich keine Luft kriege, und schmatzt mir einen feuchten, heißen Zwiebel-und-Spucke-Kuss auf die Stirn.
»Wir kümmern uns beide zusammen um den Wodsch«, sagt er, »jetzt, in seiner Stunde der Not, und weil er krank ist ... Wir beide wissen es. Er ist nicht mehr ganz richtig im Kopf. Also behalte Malarkow und Bruhah im Auge ... Spitz die Ohren. Sag Bescheid, wenn du was Merkwürdiges hörst. Oder wenn sich irgendwer *verdächtig* benimmt ...«

Als mir Marschall Bruhah später auf dem Flur begegnet, gibt er mir einen kleinen weißen Umschlag.
»Hier«, sagt er, »eine Nachricht von deinem Vater ...«
»Danke, aber wo ist Papa?«
Bruhah legt einen Finger an die Lippen. »Pssst. Lies einfach.«
Und es stimmt, es ist eine Nachricht von Papa, nur sieht seine Schrift seltsam groß und krakelig aus ...

Mein überaus geliebter Sohn Juri,
hiermit will ich Dich nur wissen lassen, dass ich
gesund und munter bin.
Marschall Bruhah gewährt mir Schutz. Er ist ein
guter, lieber Mann, dem unser Wohl am Herzen
liegt.
Tu, was er Dir sagt, tue es sofort und ohne zu
zögern, wie seltsam Dir seine Forderungen auch
vorkommen mögen.
Dann wird vielleicht noch alles gut.
Dein Dich liebender Papa

»Wann kann ich ihn sehen?«, frage ich, da mir irgendwas
an dem Brief merkwürdig vorkommt.
»Psst.« Bruhah sieht sich erschrocken um. »Wände haben
Ohren. Das ist ein Geheimnis, aber er ist in Sicherheit
und in der Nähe. Er hat mich gebeten, ein Auge auf dich
zu werfen.«
»Ja? Ich frage nur, weil die Nachricht ohne Datum ist.«
Ich fürchte, der Marschall spürt meine Zweifel, denn er
langt in seine Jackentasche und fischt ein in ein weißes
rot gepunktetes Taschentuch gewickelte Etwas heraus,
legt es mir in die offene Hand und deckt es auf.
»Hier!«, sagt er. »Weißt du, was das ist?«
»Klar«, sage ich. »Das ist Papas Gebiss.«
»Er bat mich, dir das zu zeigen.«
»Warum?«
»Als Beweis dafür, dass es ihm gut geht und dass er bei
mir ist.«
»Und was ist das da?«, frage ich und zeige auf ein leber-

farbenes Klümpchen an einem Backenzahn neben einem blutroten Schmierfleck.

»Nur ein Essensrest«, erklärt Bruhah. »Aber vielleicht hat er ja auch Gaumenkrebs.«

»Aber wie soll er ohne Gebiss essen?«

»Gute Frage«, erwidert Bruhah und nickt bedächtig. »Ich fahre gleich wieder in die Hauptstadt und gebe es ihm sofort zurück, damit er sein Abendessen genießen kann.«

Was soll ich machen? Ich kann den Minister des Innern keinen Lügner nennen. Papa und ich, wir sind beide in seiner Macht.

Aber bei dem Gedanken geht es mir gar nicht gut.

Papa ist ein sehr vorsichtiger, überaus auf Privatsphäre bedachter Mann. Es sähe ihm so gar nicht ähnlich, sich von seinem Gebiss zu trennen und es in der Tasche eines Fremden auf Botengang vorauszuschicken.

8. Leoparden küsst man nicht

Spätabends, vor dem gemeinsamen Essen, sieht sich der Wodsch mit engen Kollegen und ausgewählten Feinden noch gern einen Film an.

Da er sich nicht wohlfühlt und er unter hohem Blutdruck leidet, mag er nicht aus dem Haus gehen; folglich wird der Film nicht im persönlichen Kinosaal des Wodschs im Volkspalast, sondern mittels eines tragbaren Vorführapparats hier im großen Speisesaal in der Datscha gezeigt, wo das Publikum auf bequemen Sofas Platz nimmt.

Iwan Sanchin, sein Vorführer, ist zusammen mit dem Kinominister Iwan Bolschakow hergekommen, um diese Abendunterhaltung zu organisieren.

»Sagen Sie, Genosse Minister«, fragt der Wodsch mit einem grimmigen Lächeln, das wie bei einem Krokodil mehr Zähne als Freundlichkeit zeigt, »welchen Film haben Sie heute Abend für uns ausgesucht?«

Vor diesen hochrangigen Mitgliedern des Politbüros zu sprechen, macht den Minister sichtlich nervös. Er trägt einen Nadelstreifenanzug, dessen gestärkter Kragen seinen Hals verschlingt. Die Stirn glitzert rosig, Schweißperlen rinnen ihm die Wangen hinab. Er räuspert sich, hüstelt dann. »Heute Abend gibt es einen *Yankee*-Film ...«

Die versammelten Minister zischen und buhen, eine gemeine Scharade – vorgetäuschte Loyalität mit der slawischen Filmindustrie, denn ich höre, wie Stellvertreter Malarkow bereits dem Genossen Bulgirow ins Ohr flüstert:

»Hoffentlich ein Hollywoodstreifen mit Busen, Beinen und Bikinis ... und nicht dieser einheimische Mist über kollektive Landwirtschaft oder irgendein bulgarischer Trickfilmblödsinn mit Feen ...«

Außerdem weiß doch jeder, dass der Wodsch amerikanische Filme mag, vor allem Filme mit Indianergemetzel und Cowboys, mit Gangstern, die sich gegenseitig verraten und totschießen, am liebsten mit James Cagney, oder diese Tarzanfilme mit dem wilden Mann und seinen tierischen Freunden aus dem Dschungel.

Erneut hüstelt Minister Bolschakow nervös und hebt dann eine zittrige Hand, um die Runde zu beruhigen. Unter seinem Arm zeichnet sich auf der Jacke ein riesiger Schweißfleck ab.

»Bei allem Respekt«, sagt er, »aber dieser Film ist vom herausragenden Regisseur Howard Hawks, berühmt für seinen Gangsterfilm *Scarface*, den Cowboyfilm *Geächtet* und den Krimi *Tote schlafen fest*. Dieser Film aber ist anders. Er handelt von der Kultur des amerikanischen Lebens und heißt *Leoparden küsst man nicht*.«

»Ein Dokumentarfilm? Über Sex mit Tieren?« Der Wodsch klingt sauer und sieht grimmig drein.

»Nein, nicht über Tiersex und kein Dokumentarfilm«, erklärt Bolschakow, »sondern eine verrückte, aberwitzige, brüllend komische *Screwball*-Komödie, die die Dekadenz und Sinnlosigkeit des amerikanischen Lebens aufzeigt.«

Es heißt, der arme Minister braucht für jeden Film einen ganzen Tag, ehe er weiß, ob er ihn dem Vorsitzenden zeigen kann und sich davon überzeugt hat, dass keine Dame zu viel nackten Körper zeigt, keine antikommunistische Propaganda vorkommt und auch nicht irgendwo das unerträgliche Gesicht von John Wayne zu sehen ist.

»Dann los«, sagt der Wodsch, »wollen nur hoffen, dass der Streifen lustig ist. Und ohne Nacktszenen. Schließlich führen wir hier kein Bordell ... Übrigens, Bolschakow, die Dialoge sind auf Englisch?«

»Ja, Genosse Vorsitzender.«

»Dann sollten Sie besser für uns übersetzen ...«

Bolschakow hüstelt.

»Der Mann ist Paläontologe. Er hat das Skelett eines Brontosaurus zusammengesetzt, es fehlt nur noch ein einziger Knochen ... das intercostale Klavikula ... wir sehen denselben Mann jetzt ein wenig später am Tag. Er spielt Golf ... Golf ist ein beliebtes, kleinbürgerliches Finde-das-Loch-Ball-und-Schläger-Spiel ... man muss den weißen Ball in ein kleines Loch spielen ... Gewinner ist, wer dafür am wenigsten Schläge braucht ...«

Es läuft gut für Bolschakow; er kann längere Pausen machen und sich immer öfter darauf verlassen, dass der Film für sich selbst spricht.

Denn der ist wirklich komisch. Mann und Frau streiten sich. Frau stiehlt dem Mann Golfbälle. Frau fährt ihr Auto ins Auto vom Mann.

Bald haben die meisten Minister gelacht, einmal oder öfter. Sogar laut. Selbst den Wodsch sieht man glucksen.

Und die Handlung versteht sich größtenteils von selbst,

sodass eine Übersetzung eigentlich unnötig wird. Attraktiver Mann trifft schöne Frau. Sie streiten sich pausenlos. Am Ende heiraten sie, damit sie für den Rest ihres Lebens weiterstreiten können.

Oberflächlich gesehen liefert der Film einen starken Eindruck vom Leben in den USA. Den ganzen Tag scheint die Sonne. Kein Mensch arbeitet. Die Leute sehen gut aus, und alle besitzen ein Auto, sogar die Frauen. Die Geschäfte sind voll mit Waren und Lebensmitteln. Gegessen wird in teuren, edlen Restaurants. Die Männer tragen nur Anzug, die Frauen nur die neuste Mode, und sie klimpern mit ihrem Schmuck.

Es gibt aber auch viele kleine, kapitalistische, bourgeoise Missgeschicke, unter anderem zwei Autounfälle. Außerdem zerreißt Frau dem Mann die Jacke. Mann zerreißt der Frau das Kleid, sodass man ihre Unterwäsche und ihren Hintern sehen kann. Als Frau in einen Teich fällt, kleben die nassen Sachen an ihrem Leib, besonders am Po und an den Kurven.

Bruhah klatscht. Kruschka pfeift auf den Fingern.

Schoßhund vergräbt den kostbaren fehlenden Dinosaurierknochen. Frau hält zu Hause zahmen Leopard, der gern Musik hört, am liebsten den bekannten Song ›I Can't Give You Anything But Love, Baby‹, bloß kommt es dann zur Verwechslung mit einem wilden Leopard, der knurrt, beißt und nicht das geringste Interesse an gesungener Musik hat.

So was kann passieren, wenn man seinen Leopard auf eine Spazierfahrt hinten im Auto mitnimmt und der den Platz mit einem genau gleich aussehenden Leopard tauscht, der aus dem gerade in der Stadt weilenden Wanderzirkus ausgebrochen ist.

Ich glaube, man hat es sich leicht gemacht, denn dieselbe Katze (Spezies *Panthera pardus*) mit identischen Fellflecken spielt beide Leoparden. Es heißt, das Tier verfüge über beste Beziehungen und sei ein überaus gefragter Katzenschauspieler, der auch in den Tarzanfilmen auftritt. Am Ende kichert der Wodsch, als das Licht wieder angeht, und er hält eine kurze Rede.

Er sagt, Bolschakow habe für uns einen sehr schlechten Film ausgesucht, doch sei ihm das verziehen, weil es ein lehrreicher, guter-schlechter Film sei, der die Dekadenz des Westens und das parasitische Leben der amerikanischen Reichen aufzeige.

In diesem Film, sagt er, sieht man nicht einen einzigen Menschen, der auch nur ein kleines bisschen arbeitet.

Und noch etwas ist seltsam, sagt er. In Amerika leben dreizehn Millionen Schwarze, im Film aber ist nicht einer davon zu sehen.

»Bolschakow ...«, blafft er, »wie heißt der Hauptdarsteller?«

»*Cary Grant.*«

»Ist irgendwem was Besonderes oder Bemerkenswertes an diesem Cary Grant aufgefallen?«

Es folgt eine lange Stille. Niemand will eine falsche Antwort riskieren.

»Okay ...«, sagt der Wodsch, »ein Hinweis ...« Er dreht sich zur Seite, zeigt sich im Profil.

Die schmerzliche Stille hält an, aber ich habe die Antwort erraten.

»Entschuldigen Sie die gewiss irrigen Ansichten eines Kindes ohne jegliche politische Erfahrung, das zudem traumatische Schäden an den Frontallappen seiner Großhirnrinde erlitten hat ...«, melde ich mich keck, »aber sieht Ihnen dieser Cary Grant nicht ziemlich ähnlich?«

Überall ein gedämpftes Murmeln der Zustimmung.

»Ganz genau«, sagt der Wodsch. »Er sieht aus wie ich, auch wenn er mir nicht so ähnlich ist wie dieser andere Schauspieler ...« Er schweigt und versucht, sich an den Namen dieses Doppelgängers zu erinnern, der ihm sichtlich auf der Zunge liegt.

»*Clark Gable?*«, wagt Bolschakow sich vor.

»Ganz genau«, klärt der Wodsch die Verwirrung. »Cary Grant sieht mir nicht ganz so ähnlich wie Clark Gable in diesem Film ...«

»*Es geschah in einer Nacht*«, hilft Bolschakow aus.

»Ganz genau«, sagt der Wodsch wieder. »In dem kinematografisch bedeutsamen, kulturell unvergesslichen, anthropologisch wertvollen, politisch aufklärerischen Film *Es geschah in einer Nacht* trägt Clark Gable einen Schnäuzer und raucht Pfeife. Viele Leute haben danach festgestellt, er sei vom Obersten Genossen kaum zu unterscheiden.«

Applaus brandet auf – für den Film, für die Beobachtungen des Wodschs, für seine Ähnlichkeit mit Clark Gable.

Gut gelaunt begibt sich die Gruppe daraufhin zum Abendessen in den großen Speisesaal.

Ich denke an Papa und hoffe, er hat sein Gebiss wieder, damit er auch ein gutes Abendessen zu sich nehmen kann.

★

Jetzt muss ich an die Arbeit, aber niemand fordert mich auf zu bleiben, niemand sagt mir, wo ich hingehen soll. Niemand bemerkt, dass ich überhaupt da bin.

Ich bin der unsichtbare Vorkoster; ich allein stehe zwischen dem Wodsch und dem Gift, dem Generalsekretär und dem Tod.

Mitten im Saal ist ein langer Tisch aufgebaut, weiß eingedeckt mit Kerzenleuchtern, Porzellantellern, Kristallgläsern und edlem Besteck.

Der Beistelltisch ist überladen mit dampfenden Präsentiertellern, Terrinen mit Fisch, Fleischkeulen, Körben mit Brot, Brettern mit Käse, Schüsseln mit gegartem Gemüse.

Um das Eis zu brechen, wird erst einmal *Rate-die-Temperatur* gespielt. Der Wodsch hält ein Quecksilberthermometer hoch, und alle müssen ihre Einschätzung abgeben.

Kruschka verfehlt die richtige Temperatur um sechs Grad und muss folglich sechs Gläser Wodka trinken, Bruhah irrt sich um zwei Grad, muss also zwei Schnäpse trinken.

Bulgirow errät die exakte Temperatur, und weil er offensichtlich auf Schlaumeier macht und den Neunmalklugen gibt, muss er zur Strafe sieben Gläser trinken, um dann auf Händen und Knien rund um den Tisch zu krabbeln und dabei wie ein Esel zu schreien.

Anschließend wird die Suppe serviert. Es gibt Borschtsch und Pilzeintopf. Der Wodsch nimmt eine Schüssel von beidem, schüttet die eine in die andere, verrührt das Ganze, bröselt zum Andicken Brot hinein und löffelt sich die Suppe dann gierig in den Mund.

Ich koste und kann nicht behaupten, die Suppen vertrügen sich gut. Die dunkelrote Würze vom Borschtsch und das Erdige der Pilze ergeben keine gute Mischung, passen einfach nicht zusammen.

Für einen so kleinen Mann hat er eine enorme Präsenz und einen großen Appetit.

Zu trinken gibt es georgischen Wein, den der Wodsch nur *Traubensaft* nennt, weil er nicht so stark wie andere Weine ist. Man kann also viele Flaschen trinken und damit den Wodka runterspülen, ehe man zu lallen und zu taumeln beginnt.

Nach der Suppe ist Volkstanz angesagt. Der Wodsch sucht jemanden aus, der für die anderen um den Tisch tanzt. Die Wahl fällt auf Malarkow. Er soll die Troika tanzen, was bedeutet, dass er mit ausgestreckten Armen so hoch in die Luft springen muss, dass sich die Sohlen der Füße berühren, seine Beine also eine Raute bilden. Im Idealfall verharrt er schwebend einen Meter über dem Boden.

Weil er aber dick ist, rot im Gesicht, über siebzig, schweratmig und verschwitzt, kann er kaum fünf Zentimeter hochspringen, sodass seine Bemühungen weder besonders elegant noch athletisch aussehen.

Also befiehlt der Wodsch: »Setz dich. Wie schändlich, du Specktonne.« Stattdessen befiehlt er Kruschka, den Kasatschok zu tanzen.

Und ich muss zugeben, für einen so großen, schweren Mann dreht sich Kruschka überaus graziös im Kreis, Hände in den Hüften, schwingt den üppigen Schwabbelpo, trippelt rückwärts mit äußerster Präzision und wirbelt

wie eine Ballerina durch den Saal, sodass alle im Takt
pfeifen und klatschen und der Wodsch ihn zehn Minuten oder länger tanzen lässt, bis Kruschka der Schweiß in
Strömen fließt und wir den flehentlichen Blick in seinen
Augen sehen, man möge ihm bitte gestatten, endlich wieder Platz zu nehmen. Doch wie Genosse Kruschka mir bereits sagte: Wenn der Wodsch zu springen befiehlt, fragt
man nur: ›Wie hoch?‹

Dann gibt es ein großes Gelächter, als Malarkow, der eine
makellos weiße Marineuniform trägt, sich auf einige
überreife Tomaten setzt, die ein boshafter Mensch ihm
auf den Stuhl gelegt hat, weshalb sein Hintern jetzt so
feuchtrot leuchtet wie der eines brünstigen Pavians.

Also besteht der Wodsch darauf, dass Malarkow sich die
Hose auszieht, damit das Personal sie reinigen kann. Malarkows Gesicht und Benehmen merkt man an, dass er
sich mit Hose weit besser fühlte als jetzt, wo jedermann
seine Unterwäsche, die nackten Knie und die Strumpfhal-
ter an den schwefelgelben Socken sehen kann.

Anschließend wird der Fisch-Gang aufgetragen. Es gibt
eingelegten Hering, Hecht in überbackener Salzkruste
und gegrillten Barsch mit grüner Kräutersoße.

Jede Menge Wein und Wodka ist getrunken worden. Man
unterhält sich lauthals, nur redet man nicht mehr so deutlich wie zuvor, jetzt, da sich bei allen die Zungen gelo-
ckert haben.

Und dann erzählt der Wodsch eine interessante Geschichte darüber, wie er als Kind zwanzig Kilometer barfuß durch den Schnee gelaufen ist, ehe er einen eiskalten
See durchschwamm, um gleich darauf mit einer Zwille

zwölf Wildenten zu erlegen. Der Nette Onkel trägt den Namen der Stählerne wahrhaft zu Recht.
Alle applaudieren. Dann erhalten die Gäste Gelegenheit, für die anderen ein Lied zu singen.
Malarkow entscheidet sich für »Smuglianka – Tod den Faschisten, Freiheit fürs Volk«. Bulgirow singt »Stenka Rasin«, und mit lebhaften Gesten und flinker Zunge gibt Kruschka ein Friedenslied mit dem Titel »Olgas Titten« zum Besten.

Von einer Tischecke aus beobachtet Genosse Diki das Treiben. Er tritt heute Abend nicht als Double des Generalsekretärs auf, sondern ist als berühmter Schauspieler geladen. Man munkelt, der Stählerne sei ein großer Bewunderer seiner Arbeit, weshalb er sich im Film von niemand anderem verkörpern lässt.
Heute Abend aber hat der Doppelgänger keine Marschalluniform an; der Bühnenschnäuzer ist abrasiert, die angeklebten Koteletten fehlen, statt nach hinten gekämmt, fällt ihm das lange Haar in die Stirn; und er trägt Lederjacke mit Barett. Dadurch sieht er viel bürgerlicher aus und hat kaum noch Ähnlichkeit mit dem Großen Vater.
Obwohl er das Essen so gut wie nicht angerührt hat, steht vor ihm eine lange Reihe leerer Gläser, und oft füllt er sich ein Wasserglas mit Wodka, den er dann mit deutschem Korn verdünnt.
Er lallt, und die Augen sind wie glühende Kohlen.
»Sieh sie dir an ...« Er beugt sich vor, haucht mir seinen

heißen, trunkenen Atem ins Ohr. »Die Führer der sozialistischen Welt.« Abwechselnd zeigt er auf sie. »Der, der die Bauern meuchelte ... Der, der die Revolution verriet ... Der, der seine Familie und all seine Freunde ermordete ... Und der, der sich Frauen von der Straße holt, sie vögelt, dann erdrosselt und in seinem Garten vergräbt.«

»Ehrlich?«, frage ich. »Wer denn?« Ich wusste es nicht.

»Stell dir vor, man würde die ehrgeizigsten, rücksichtslosesten Menschen des Landes in einen Raum einsperren, es den *Kommunistischen Parteikongress 1945* nennen, sie sich selbst überlassen, auf dass sie sich heimlich gegenseitig umbringen ...«

»Ja?«

»Die hier wären noch da, wenn nach all den Kopfnüssen und Tritten, dem Augenausstechen und Kannibalismus, dem Ohrabkauen und den Dolchstößen in den Rücken nur fünf übrig blieben ...«

»Oh ...«, sage ich.

»Und?« fragt er. »Wer ist der Nächste?«

»Der Nächste?«

»Fürs Fallbeil ...«

»Ich verstehe nicht.«

»Wir haben einen Löwen, einen Tiger, einen Bären, einen Python und einen Alligator. Fünf im selben Käfig. Ich fürchte, das gibt Tote. Am Ende kommt nur einer lebend raus ... Ist kein Geheimnis ... Sie alle wissen das ...«

»Ach ja?« Für mich ist das neu.

»Wer gewinnt? Wer macht dir am meisten Angst?«

»Nicht leicht zu sagen ...« Ich zögere. »Ich kenne sie nicht gut genug, aber ...«

»Ja?«

»Bruhah hat mir die Nase gebrochen. Und ich bin mir sicher, er hat das mit Absicht gemacht.«

»Gute Wahl!« Er klopft mir auf den Rücken. »Wirklich ausgezeichnet ... Die anderen sind hundsgemeine Schurken, doch selbst die fürchten Bruhah ... Bruhah ist die Bestie aller Bestien, das Monster aller Monster ... Aber weil er der Schlimmste ist, schließen sich die anderen vielleicht gegen ihn zusammen, um ihn als Ersten kaltzumachen ...«

»Ist es nicht gefährlich, Genosse«, frage ich, »so zu reden?« Ich bewundere Direktor Diki, und ich möchte nicht, dass er in Schwierigkeiten gerät, nur weil er zu tief ins Glas geguckt hat. Ich zeige auf die Drahtzieher am anderen Tischende. »Irgendwer könnte was hören ...«

»Wer weiß das schon ...«, nuschelt er und spreizt die Finger. »Ist es nicht gefährlich, ein Mensch zu sein?«

Ich zucke die Achseln.

»Ist es nicht gefährlich zu denken? Sich um jemanden zu sorgen? Zu atmen?«

Dann fallen ihm die Lider zu, und er kippt prompt vom Stuhl, fällt der Länge nach auf den Boden. Ich glaube, er ist bewusstlos. Man könnte meinen, er küsse die Dielen. Und jetzt, da er der Schwerkraft nachgab, scheint er keinerlei aufrechte Pläne mehr zu verfolgen.

★

Mir selbst ist auch ein bisschen schwindlig, habe ich doch nicht nur von den verschiedenen Gängen gekostet, sondern auch eine Vielzahl von Likören und Getränken probiert, so ungarischen Weißen, tschechisches Kirschbier, ungarisches Bullenblut, deutsches Pils, Pfirsichnektar, polnischen Wodka, schottischen Whisky, französischen Absinth, estnischen Brandy, finnischen Moltebeerenlikör und slowenischen Schnaps.

Die vielen kleinen Schlucke summieren sich und sind am Ende eine ganze Menge für einen Zwölfjährigen, der keinen Alkohol gewohnt ist.

Schwankend komme ich auf die Füße, stolpere nach unten zu den Besuchertoiletten und finde da Minister Bulgirow, der in einer Kabine auf marmornem Sitz thront, die Tür weit offen.

Er hat die Augen geschlossen, der Kopf ist zur Seite gesackt, die Arme hängen schlaff herab, die offenen Handflächen sind mir zugekehrt. Die Hose hängt ihm zerknüllt um die Knöchel.

Natürlich macht man sich da Sorgen. Selbst der jüngste dieser Minister ist bereits ziemlich betagt und hat seine Lebenszeit fast ausgeschöpft.

»Erster Stellvertreter?« Ich tippe ihm auf die Schulter. »Geht es Ihnen gut?« Womit ich eigentlich meine: »Leben Sie noch?«

Die glasigen Augen flackern; er blinzelt und stiert mich an.

»Spritnasen ...«, sagt er. »Die saufen nur, saufen und saufen den ganzen Tag.«

»Geht es Ihnen nicht gut?«

»Bin todmüde«, stöhnt er, »und blau wie eine Haubitze. Nur hier finde ich ein bisschen Schlaf.«

»Oh.«

»Tust du mir einen Gefallen, Junge?«

»Jeden«, antworte ich.

»Lass mich schlafen. Lass mich den Schlaf der Toten schlafen«, sagt er. »Gib mir sieben göttliche, volle, ganze, ununterbrochene Minuten. Dann weck mich auf ...«

»Genügen sieben?«

»Meistens, Junge, muss ich mich mit fünf oder sechs begnügen.«

Und tatsächlich, als ich ihn aufwecke, nachdem ich die langsam vergehenden Minuten auf dem Ziffernblatt seiner goldenen, mit Perlmutt ausgelegten und juwelenverzierten Rolex mit Krokodillederarmband abgezählt habe, wirkt er hellwach, munter und ziemlich erholt.

»Guter Junge.« Er strahlt mich an und wischt sich einige Staubkörnchen vom Jackenaufschlag. »Was für ein wunderbares Nickerchen. Ich stehe in deiner Schuld. Komm«, sagt er, »gehen wir zurück und gönnen uns einen Drink. Wir verpassen sonst noch den ganzen Spaß.«

Und tatsächlich. Als wir oben wieder zur Gesellschaft stoßen, haben alle ihren Spaß. Durchs Fenster des Speisesaals sehen wir, wie der stellvertretende Außenminister versucht, den jugoslawischen Botschafter in den Ententeich zu schubsen, während sich drinnen der Wodsch mit den Datscha-Wachen im Armdrücken misst und einen nach dem anderen mit verblüffender Leichtigkeit bezwingt, sogar Feldwebel Igor Stawrow, den besten Gewichtheber der gesamten slawischen Armee.

Der Nette Onkel und Große Vater wird eben nicht umsonst der Stählerne genannt.

9. Das Sonnenlicht im Garten

Am nächsten Morgen lädt mich der Wodsch nach dem Frühstück zu einem Spaziergang im Garten ein.

»Komm mit, Junge«, sagt er. »Schlurf nicht, hör auf zu schniefen und rede nur, wenn du gefragt wirst. Auf dein endloses Geplapper habe ich keine Lust. Ich will die Vögel singen hören.«

Er geht mit weit ausholenden Schritten voran und spricht über die Schulter; ich trotte hinterher.

Es ist Ende Februar, auf dem Rasen liegt eine dünne Schicht Schnee, grauer, rutschiger Matsch bedeckt den Weg.

Mir fällt auf, dass ich zum ersten Mal seit meiner Ankunft hier außerhalb der Datscha bin, draußen an der frischen Luft, im Sonnenlicht.

Ich rieche Kiefern, Erde und Mist, nicht länger Holzvertäfelung, Bohnerwachs und köchelnden Kohl. Die Kälte kneift mir in die Wangen, beißt mir in die Nase; ich spüre sie an den Ohren prickeln. Der Wodsch speit beim Reden neblige Dampfwolken aus.

»Weißt du, welches die beste Blume ist?«, fragt er.

»Tja ...«, erwidere ich, »aus der Kamille machen wir Medizin. Und der Krokus ist sehr schön.«

»Mag sein«, gibt er zu. »Aber die beste Blume ist das Schneeglöckchen. Es bringt Hoffnung und beflügelt den menschlichen Geist, da es den Frühling ankündet, das Ende unseres langen, eisigen Leidens.«

Dann blickt der Wodsch nach oben, hält kurz inne und wirbelt schließlich zu mir herum. Ich sehe zu, wie er die Augen schließt und aus dem Gedächtnis zu rezitieren beginnt:

Eine Rosenknospe war erblüht
Und reckte sich, das Veilchen zu berühren.
Die Lilie erwachte
Und neigte den Kopf in der Brise.

Hoch in den Wolken die Lerche sang
Ein zwitschernd Loblied,
Während die frohe Nachtigall
Mit sanfter Stimme rief:

Sei voll von Blüten, o liebliches Land.
Frohlocke, Staat der Iberier,
Und du, o Georgier, durchs Lernen
Mach deiner Heimat Freude.

»Wie schön«, sage ich. »Ist das ein Lied? Oder ein Gedicht?«

»Ein Gedicht.«

»Von wem? Von Puschkin?«

»Ich habe es selbst geschrieben«, erklärt der Wodsch. »Es heißt ›Morgen‹. Und ich habe es verfasst, als ich jung und romantisch war, sogar noch vor der Revolution.«

Der Wodsch runzelt die Stirn und malträtiert den Kies, kickt mit der linken Stiefelspitze Steine beiseite.

»Als junger Mann habe ich geglaubt, es genüge, meine Lyrik in Worten festzuhalten. Heute aber forme ich Menschen zu Gedichten um.«

»Ach ja?«

»Frohsinn ist das entscheidende Merkmal unseres nationalen Lebens. Ich schreibe Freude und Hoffnung, schreibe sie in das Leben der Menschen ein.«

»Wie schön«, gebe ich ihm recht.

»Außerdem erlasse ich Gesetze, und die sind die Poesie der Macht, der Rhythmus der Pflicht, die Reime der Ordnung.«

»Ja?«

»Lass uns zu den Rosen gehen«, sagt der Wodsch. »Wir wollen sehen, wie sie die Winterkälte überstanden haben. Es gibt bei der Rosenpflege ein Geheimnis. Errätst du, wie es lautet?«

»Man muss sie regelmäßig düngen und gießen? Und stets liebevoll behandeln?«

»Nein, das nicht. Ganz im Gegenteil. Sie müssen lernen, stark zu sein und für sich selbst zu sorgen. Das Geheimnis besteht darin, hart zu ihnen zu sein. Man muss sie lieben, aber es muss eine strenge Liebe sein.«

Der Wodsch lässt die Tür zur langen, niedrigen Hütte aufschwingen. Drinnen erstrecken sich drei Blumenbeete über die gesamte Länge des holzgerahmten Glasbaus, drei Reihen stachliger, schwarzstieliger, blattloser, ganz offensichtlich abgestorbener Strauchgewächse, die je mit festgedrückter Erde umhäufelt wurden.

»Das Geheimnis der Rosen besteht darin, sie jedes Jahr zurückzuschneiden. Ihre Schönheit entspringt allein einer strikten, gnadenlosen Disziplin.«

»Was Sie nicht sagen.«

»Man muss alles Ungesunde, Befallene wegschneiden, und welke Blüten, die ihre Kraft, ihre Schönheit verloren haben, muss man gleich *köpfen*. Weißt du, wie man nennt, was am Stängel wächst?«

»Nein.«

»Man nennt es den Trieb, manchmal auch *den Führer*. Und wenn man die Führer nicht mindestens um die Hälfte stutzt, schießen die Pflanzen zu schnell in die Höhe, wachsen ohne Kraft und Disziplin und die Blüten verkümmern.«

Manchmal bekommt ein Vorkoster nicht viel Schlaf, zumindest nicht, wenn er für den Stählernen Genossen arbeitet, den Netten Onkel, den Großen Vater. Unter Umständen bleibt er bis vier oder fünf Uhr morgens wach.

»Ich schlafe nicht besonders gut, Juri, leide an Schlaflosigkeit, bin fast immer müde. Meine jüngeren Kollegen aber wollen mich mit ihren energiegeladenen, jungen Köpfen ständig austricksen, weshalb ich nicht zulassen kann, dass sie hellwach und nüchtern bleiben und versuchen, mich über den Tisch zu ziehen ...«

»Nein?«

»Also sorge ich dafür, dass sie auch nicht länger schlafen als ich. Bremst ihren Enthusiasmus, stumpft ihre Sinne ab.«

»Wirklich?«

»Ist doch nur vernünftig. Ich sorge dafür, dass sie jeden

Abend zum Essen kommen, und lasse sie erst gehen, wenn sie betrunken sind und ich so müde bin, dass ich schlafen kann. Am nächsten Morgen rufe ich sie dann früh an, um mich davon zu überzeugen, dass sie wach sind und an ihren Schreibtischen sitzen.«

★

Die späten Abende erschöpfen die Mächtigen, und mich machen sie auch müde.

Ich habe es mir angewöhnt, gänzlich angezogen unter einigen Decken auf dem Sofa im kleinen Esszimmer zu schlafen. Von da kann ich wie aus dem Nichts auftauchen, sobald meine Vorkosterpflichten gefragt sind.

An diesem Morgen wecken mich knurrige Männerstimmen. Bruhah und Kruschka sitzen sich am Esstisch gegenüber, beide so weit vorgebeugt, dass ihre Köpfe sich fast berühren, beinahe wie Hirsche, die mit ihren Geweihen aufeinander losgehen wollen. Sie beäugen sich unverwandt, als gelte es, wer als Erster den Blick senkt oder abwendet.

Ich vermute, sie glauben, allein zu sein, denn die Türen sind geschlossen und sie unterhalten sich nur leise, aber in drohendem Ton, weshalb ich zögere, mich zu zeigen.

»Wenn der mir Igel vor die Füße wirft«, stellt Kruschka fest, »werfe ich ihm Stachelschweine hin.«

»Er hat's auf Miokan und Motolow abgesehen«, sagt Bruhah. »Er will ihren Kopf.«

»Ja«. Kruschka nickt. »Aber für einen irren Hund sind sieben Werst nur ein kurzer Umweg.«

»Er hat mich im Visier«, sagt Bruhah, »das weiß ich. Er

braut da was zusammen, fälscht Beweise, lässt von Leuten Papiere unterschreiben.«

»Tja, dein Ellbogen ist dir nah«, erwidert Kruschka, »aber reinbeißen kannst du trotzdem nicht.«

»Er will alle Ärzte ausmerzen, alle Juden in Lager stecken. Und er hat einen neuen Befehl erlassen, Tito zu ermorden. Er plant einen Angriff auf Amerika«, sagt Bruhah. »weil er glaubt, dass die uns angreifen wollen, also will er zuerst zuschlagen.«

»Was beweist, dass die Gans dem Schwein kein Freund sein kann«, sagt Kruschka. »Er sieht nur noch Feinde, hört nur noch Drohungen.«

»Ja …«, sagt Bruhah. »Das stimmt, keine Frage.«

»Wer einen Bullen melken will, hat alle Hände voll zu tun.« Kruschka macht mit der Hand eine unanständig wirkende Bewegung.

»Ach ja?«

»Besser, man buttert, bevor die Milch sauer wird.«

»Schafft Endgültiges, was nicht mehr ungeschehen gemacht werden kann …«

»Jetzt«, erwidert Kruschka. »Und schnell. Zustoßen, solange die Milchmagd noch willig ist.«

»Wie ein Naturereignis – ein letzter Schlag.«

In diesem Moment beschließe ich, mich zu zeigen. Solange sie noch über Bäuerliches reden und nichts sagen, was ich nicht hören sollte oder mich in Schwierigkeiten bringen könnte.

»Lassen Sie sich von mir nicht stören, werte Genossen«, sage ich und trete hinterm Sofa vor. »Ich stehe nur auf. Ist es schon Tag?«

Sie sind so überrascht, als wäre ich eine furchterregende Erscheinung. Bruhah weicht entsetzt zurück; der arme rosige Kruschka wird weiß wie eine Nudel.
»Hast du zugehört?«, fragt Kruschka.
»Ach, haben Sie geredet?«
»Was hast du gehört?«, fragt Bruhah.
»Wieso? Haben Sie was gesagt?«
»Du bist ein Narr, stimmt's, Juri?« Bruhahs wütende Grimasse weicht einem verschlagenen Lächeln.
»Du bist ein Trottel, nicht?« Kruschka klopft mir auf die Schulter.
»Ganz genau.«
Es überrascht mich sehr, dass sie einander daraufhin umarmen und sich auf beide Wangen küssen. Dann flüstern sie sich etwas zu, während sie mir über die Schulter einen Blick zuwerfen.
Ich kann nur die letzten paar Worte hören, mit denen sie sich zu mir umdrehen: »… warten wir, bis es getan ist.«

Ich habe gar nicht gewusst, dass Bruhah und Kruschka sich so nahestehen und sich wie jetzt manchmal treffen, um was zu bereden, ohne dass der Wodsch dabei ist und sie berät.
Man erzählt sich, Bruhah brächte die anderen gegen sich auf, weil er damit droht, ihre Frauen verhaften zu lassen, um ihnen im Gefängnis dann unanständige, unschöne Dinge anzutun. Nur weiß man nie, wie ernst er das meint. Schließlich hat er, heißt es, Motolows Frau Karolina ein-

gesperrt, sie aber am Leben gelassen und kaum angerührt. Und am Pissoir unten in der Datscha soll er den übrigen Mächtigen zu nahe rücken, seitwärts auf ihr Gemächt schielen und dabei grinsen.

Außerdem steckt er heimlich überreife Früchte in die Taschen von Malarkows weißer Paradeuniform, um dann von außen draufzuklopfen, sodass die Frucht platzt und sich breite rote, purpurne oder orangefarbene Flecken auf der Uniform ausbreiten.

Oder er schüttet Terakow ganz spezielle Tropfen ins Weinglas, die dafür sorgen, dass er sich erleichtern muss, aber ohne jede Vorwarnung, ganz plötzlich, wie ein heißer Lavafluss, ein Vulkan.

Als Terakow allerdings herausfand, wer ihm das angetan hatte, ließ er Bruhahs Lieblingsmercedes auf Koffergröße zusammenpressen und ihm vor die Haustür stellen. Manche Leute behaupten, der Chauffeur hätte noch am Steuer gesessen.

Bruhah und Malarkow fahren oft zusammen in die Hauptstadt, aber nie mit einem der anderen.

Manchmal kann man sehen, wie Kruschka und Bulgirow sich auf besagter Toilette was zuflüstern, aber wer weiß schon, was das zu bedeuten hat. Vielleicht sind sie nur enge Freunde und gern zusammen.

Was mich an die Jungs in der Schule erinnert, die in der Frühstückspause gern heimlich irgendwas auf dem Klo anstellen.

★

Der Wodsch zitiert gern den Schriftsteller Tschechow:

Ein Mensch wird geboren und hat drei Richtungen
zur Auswahl: geht er nach rechts, fressen ihn die
Wölfe, geht er nach links, frisst er die Wölfe, geht er
geradeaus, frisst er sich selbst.

Nur klingt das ziemlich deprimierend, weshalb ich mir
andere Möglichkeiten vorstelle.

»Könnte man sich nicht mit dem Wolf anfreunden? Ihn
zähmen?«, frage ich. »Ihn zum Schoßhund machen und
vielleicht *Wolfie* nennen?«

Er meint, ich sei ein Narr und ein Romantiker und sagt,
ich müsse ein behütetes Leben gelebt haben. Er fragt
mich nach zu Hause.

»Haben deine Mutter und dein Vater dich nicht verprügelt?«, will er wissen. »Heftig? Grundlos? So wie es sich
für Eltern gehört?«

»Niemals.«

»Niemals?« Er runzelt die Stirn. »Wie willst du da je Disziplin lernen? Betrinkt sich dein Vater nicht, dreht dann
durch und verhaut dich mit seinem Gürtel?«

»Nein, niemals.«

»Wirklich nicht?« Er schüttelt den Kopf. »Was ist das
nur für ein Vater? Und deine Mutter? Sie schlägt dich
nicht grundlos, morgens und abends, mit einem Koch-
löffel oder einem Besenstiel, um dir Respekt beizubringen?«

»Nein«, antworte ich. »Außerdem könnte sie das gar
nicht. Sie ist in einem Arbeitslager. In Kolyma.«

Er nickt. »Habe ich mir gedacht. Also ist sie ein antisoziales Element ... eine Feindin des Volkes.«

Ich zucke die Achseln. Ich kann mich nicht erinnern, kann nichts dazu sagen.

»Egal, wenn du deinen Vater nicht magst«, rät mir der Wodsch, »kannst du ihn auch loswerden ...«

»Ehrlich?«

»Schwärze ihn bei der Partei an. Behaupte, er sei ein Reaktionär. Sag, er sei ein kosmopolitischer Spion und hört ausländische Radiosender. Dann sperrt man ihn ein und schickt ihn in ein Lager. Da wird er seine Lektion dann schon lernen. Und du bist ihn los, für alle Zeit.«

»Aber ich liebe meinen Vater«, werfe ich ein.

Der Wodsch bläht die Nüstern, als nähme er einen üblen Geruch wahr, kneift die Augen zusammen und schüttelt den Kopf. »Es kann durchaus gut sein, die Eltern zu respektieren, jedenfalls bis zu einem gewissen Grad, da es dich lehrt, Autorität zu lieben. Bloß gehört es sich nicht, deshalb gleich sentimental zu werden; außerdem ist es ein Verbrechen, die Familie mehr zu lieben als den Sozialismus, die Partei oder das Vaterland.«

Ich zucke die Achseln und sage, ich liebe all das mehr als mein eigenes Leben, was ehrlich gesagt nicht ganz stimmt.

»Die Menschen sind schwach«, belehrt er mich. »Man kann ihnen nicht trauen, und sie können sich auch nicht selbst helfen. Im Laufe der Zeit wird dich jeder verraten ... Man will ja gerecht sein, aber das Vergeben fällt schwer ... Und solange es Menschen gibt, gibt es Probleme. Kein Mensch mehr, kein Problem mehr.«

»Trauen Sie denn niemandem?«

»Nein, niemandem.«

»Sich selbst?«

»Auch nicht mir selbst.«

Ich frage ihn, ob er deshalb unverheiratet ist, und er sagt, seine zweite Frau habe sich erschossen. Seine erste Frau, fährt er fort, habe Kato geheißen und sei an Typhus gestorben, ohne seine Erlaubnis einzuholen und ohne jeden Abschied ...

»Bis Katos Tod habe ich die Menschen geliebt. Als sie ging, erstarb mein letztes wohlwollendes Gefühl für die Menschen.«

»Echt? Sie lieben keine Menschen? Das ist seltsam.«

»Aber so ist es nun mal.« Der Wodsch ist mürrisch, abweisend und gekränkt. »Die Menschen haben mich schon immer enttäuscht ...«

»Ja?«

»Ich habe mir beigebracht, den Menschen direkt ins Gesicht zu schauen, bei hellem Tageslicht und unvoreingenommen, frei vom Schimmer jeglicher Zuneigung. Die meisten Menschenleben sind unnötig. Nutzlos. Tragisch. Heute sehe ich, wie die Menschen wirklich sind – flüchtige Geschöpfe der Natur, Geschöpfe, die über die Geburt durchs Leben dem Tode entgegenstreben. Wie Tschechow uns zeigt, befindet sich alles und jeder im Verfall, hastet seinem Untergang, seiner Vernichtung zu ...

Ein Mensch ist für mich wie die hier ...« Er erschlägt eine umherschwirrende Fliege. »Sie war mal eine Larve, dann eine Puppe; jetzt ist sie ein Kadaver, der flach auf dem Rücken liegt, Beine in der Luft. Sie wurde geboren, lebte, summte herum, fraß Scheiße, legte Eier und starb. Wenn ich einen Schwarm Fliegen um den Hintern einer Kuh schwirren sehe, denke ich jedenfalls nicht: ›Sollten wir uns nicht glücklich schätzen, in solch goldenem Zeitalter mit einer derartigen Vielzahl von Fliegen zu leben? Seien wir froh, dass genug Scheiße für alle da ist. Warum schreibt Genosse Schostakowitsch keine Symphonie zur Feier der Fliegen? Müsste ich nicht heroische Gemälde in Auftrag geben? Und sollten darüber nicht viel mehr Gedichte geschrieben werden?‹

Wenn mir heute ein ernsthaftes Problem durch den Kopf geht, ein wichtiges Thema, das einen meiner Mitmenschen betrifft, ersetze ich den Namen der Person durch das Wort ›diese Fliege‹. Das hilft mir, zu einer Entscheidung zu finden.

Es erlaubt mir, objektiv zu überlegen, frei von aller Gefühlsduselei. Also frage ich mich: ›Ist diese Fliege besser als jede andere Fliege?‹ ›Wird die Welt ein schlechterer Ort sein, wenn diese Fliege stirbt?‹ ›Verdient diese Fliege den Lenin-Preis oder sollte der an den Ohrkneifer gehen?‹ ›Sollte ich auf diese Kellerassel Eisenhower hören?‹ ›Ist diese Schmeißfliege mit der schimmernden Brust die schönste Fliege der Welt?‹«

»Ja?«, sage ich. »Das fragen Sie sich?«

Und doch finde ich, dass er sich irrt, dass ein Mensch in mancher Hinsicht einer Fliege überlegen und die Hauptstadt wichtiger als ein Kuhfladen ist.

»Also darfst du die Menschen nicht lieben, darfst die Welt nicht lieben.«

»Nicht?«

»Denn Menschen sind unvollkommen. Und diese Welt

ist auch schlecht. Beide müssen verbessert werden. Man muss die Menschen lieben, wie sie sein könnten, nicht wie sie sind. Besser in einer besseren Welt.«

»Ja?«

»Aber du musst Folgendes über die Geschichte wissen ... Geschichte, das sind die Lügen der Sieger, denn nur Sieger erzählen die Geschichte. Und der Sieger kann sie niederschreiben, wie es ihm passt, folglich kann er die Vergangenheit auch so formen, wie er sie haben will – nicht wie sie war, sondern wie sie hätte sein sollen.«

»Wirklich?«

»Zu siegen ist also die erste Aufgabe eines Politikers, denn nur wenn er siegt, kann er alles in Ordnung bringen, die Vergangenheit und die Gegenwart, aber auch die Zukunft.«

Anschließend fängt der Wodsch an, mir die *Menschen* zu erklären.

Er sagt, es gibt vier verschiedene Typen von Menschen. Erst einmal gibt es jene, die leben müssen, weil sie zu unserer aller Nutzen beitragen. Sie bilden eine winzige Minderheit, zu der Staatsführer gehören, Künstler und Wissenschaftler, die unsere Welt zu einem besseren Ort machen.

Dann ist da die große Mehrzahl von Menschen, die weder Gutes tun noch Schaden anrichten. Sie sind also bedeutungslos, und es ist völlig unwichtig, ob sie leben oder nicht. Sie sind entbehrlich, da ihre Schicksale irrelevant sind. Es ist egal, ob sie in Minsk leben, in einem Lager arbeiten oder sich den Schädel an einer Wand einschlagen. Außerdem gibt es da noch die Feinde. Die Feinde des Proletariats, die ausgelöscht werden müssen. Zu unser aller Bestem müssen sie beseitigt werden.

Der Wodsch fährt damit fort, dass es zwei Sorten von Menschen gibt, die beseitigt werden müssen: solche, die nicht weiterleben dürfen. Und solche, die niemals hätten leben dürfen, denn Letztere hinterlassen eine Spur, eine Erinnerung, wodurch ihr Übel auch nach ihrem Tod noch weiterlebt.

Also gibt es Leute, die man einfach aus dem Weg räumen, ausradieren kann. Andere dagegen müssen gleichsam *ungeschehen* gemacht werden.

»Ungeschehen?«

»Unerwähnt, unerinnert, unbesprochen, entehrt, disrespektiert, diskreditiert, verachtet, ungezeichnet, ungenannt, unerkannt, unentdeckt, entsorgt und entseelt …«

»Ja?«

»Lösche alle Spuren. Jeder Trottel kann jemanden beseitigen. In null Komma nichts. Doch braucht es Arbeit, Geschick und Zeit, jemanden ungeschehen zu machen. Das, was war, spurlos verschwinden zu lassen. Jeden Tag gibt es neue Listen. Blatt um Blatt. Wir müssen Tausende ungeschehen machen.«

»Tausende?«, frage ich. »Tausende was?«

»Menschen.«

»Warum?«

»Paragraf 58 des Strafgesetzbuches. Und Paragraf 32. Paragraf 12. Sie alle fordern es. Und glaub mir, das ist nicht einfach.«

»Nicht?«

»Man mag sie ungeschehen machen können, aber sie hin-

terlassen trotzdem eine große Sauerei, die andere sauber-
machen müssen ...«

»Oh.«

»Und es geht dabei nicht nur um Menschen. Wir müssen
noch viel mehr ungeschehen machen.«

»Was denn noch?«

»Religion, Familie, Liebe ...«, antwortet der Wodsch.

»Ist Liebe denn schlecht?« Das wäre mir neu.

»Liebe ist das größte Übel.«

»Sind Sie sicher?«

»Liebe ist der Joker, die chaosstiftende Karte im Stapel,
der große Durcheinanderbringer. Sie ist wie Kleister,
klebriges Zeug, das jedes Getriebe verstopft. Sie bringt
Menschen zusammen, aber die falschen Menschen und
auf die falsche Art. Sie erfüllt keinerlei politischen Zweck,
lernt nicht aus der Geschichte und schert sich nicht um
den Klassenkonflikt. Ihr fehlt es an Moral, und es gibt sie
auch ohne jeden Grund. Sie fühlt ohne Erlaubnis, denkt
das Undenkbare, spricht ungefragt, verzeiht alles, akzep-
tiert Ungehöriges. Sie führt zusammen, was nicht zusam-
mengehört, verspricht das Unmögliche, suhlt sich in unserem ureigenen Wahn, interessiert sich nicht die Bohne
für die Partei und schwört, Gutes sei böse, behauptet,
Schwarz sei Weiß. Sie wälzt sich hin und her, keucht und
stöhnt und reißt sich unter den fadenscheinigsten Vor-
wänden die Kleider vom Leib, um nackt umherzustol-
zieren. Sie macht für Fremde die Beine breit und befällt
die Alten wie die Jungen; niemand ist gegen sie gefeit.
Sie breitet sich wie eine aggressive Seuche aus, nur kann
man sich nicht dagegen impfen lassen, kann sie nicht per

Gesetz verbieten, kann sie nicht verjagen. Man kann sie nicht mal an die Wand stellen und ihr das Hirn rauspusten.«

»Mag sein ...«, erwidere ich. Ich schätze, um hier mitreden zu können, bin ich zu jung.

»Also müssen wir dafür sorgen, dass die Menschen nicht länger *lieben*. Zumindest *einander* nicht mehr lieben ...«

»Ehrlich?«

»Und wir müssen dafür sorgen, dass sie aufhören zu denken. Denken kann genauso schlimm sein wie *lieben*.«

»Ja?«

»Ideen sind mächtiger als Waffen. Wir lassen nicht jeden eine Waffe tragen, warum sollten wir sie also Ideen haben lassen?«

10. Verfall

Ich sehe, wie sich der Zustand des Wodsch mit jedem Tag verschlechtert, und beobachte bei unseren Mahlzeiten, wie oft er das Bewusstsein verliert, wie er seinem Gedächtnis täglich etwas fremder wird.

Es gibt schlechte Tage, und es gibt schlechtere Tage.

An den schlimmsten legt er zwischen den Sätzen ewig lange Pausen ein. Minutenlang wirkt er wie benommen, erstarrt in beliebiger Stellung, die Gabel etwa mitten in der Luft, auf halbem Weg zum Mund – oder mit nachdrücklich erhobenem Zeigefinger. So verharrt er stockstill oder in sich zusammengesunken, die Augen geschlossen.

Dann blinzelt er, schlägt die Augen wieder auf, plötzlich hellwach, und fährt fort, als wäre nichts gewesen.

Papa hat mal ein altes Nashorn namens Nestor behandelt, das unter ähnlichen Beschwerden litt. Manchmal war das Tier munter und fidel, manchmal tranig und vergesslich. Manchmal kippte es ohne jede Vorwarnung einfach um, in den Augen ein verwirrter Blick. Papa sagte, das nenne man *vaskuläre Demenz*. Sie komme und gehe und sei letztlich eine Frage der Arterienverengung, der Herzkranzgefäße und der Menge Blut, die durchs Hirn gepumpt werde.

Beim Mittagessen wird dem Wodsch eines Tages eine unreife Banane vorgelegt, und er tobt vor Wut.

Er verlangt, dass man den *Minister für den Ankauf von Bananen* sofort entlasse und ihm den Prozess mache. »Bestimmt hat er sich bestechen lassen und den Staat betrogen. Jetzt sitzt er zu Hause und futtert auf unsere Kosten reife Bananen.«

Da es keinen Minister gibt, der ausschließlich für den Kauf von Bananen zuständig ist, wird befohlen, den Handelsminister zu entlassen.

★

Man muss kein Tierarzt oder Elefantologe sein, um zu sehen, wie schlecht es ihm geht. Er wirkt seltsam still, matt und mutlos, und er schlägt sich immer wieder mit der rechten Handfläche an den Kopf, als wollte er drinnen was lockern.

Wir haben gerade das Damespiel aufgestellt und zwei Züge gemacht, als er auf dem Sofa zur Seite sackt. Speichel tropft ihm aus dem linken Mundwinkel.

Sein Blick wirkt leer, so als wäre er betrunken; das linke und das rechte Auge wandern auf unterschiedlichen Wegen durchs Zimmer.

Sein Gesicht zerfällt in zwei Hälften. Die rechte Seite ist straff und fest, die linke schlaff, in sich zusammengesackt, zerronnen wie geschmolzenes Wachs. Die Lippen sind bläulich verfärbt; sie zucken, und er bläst schaumige Spuckeblasen.

»Fühlich … komich«, lallt er und verstummt.

»Betrunken?«, rate ich.

Er schüttelt den Kopf.

»Unglücklich?«, frage ich.

Wieder schüttelt er den Kopf.

»Krank?«

Er nickt. »Gnau ...«, sagt er. »Iss mein ...«

»Bein?«

»Neee«, sagt er, was wohl ›Nein‹ heißen soll.

»Herz?«

»Neee.« Er bläst eine lange, wurstförmige Spuckeblase aus dem Mundwinkel.

»Kopf?«

»Jaaa ...«, stimmt er mir zu. »Isser Kopf ...«

Ich helfe dem Wodsch, sich aufzusetzen, stopfe ihm Kissen in den Rücken. Man muss kein Facharzt für die Neurologie der Großhirnrinde sein, um zu verstehen, was geschieht.

Es gibt so viel, was ich ihm sagen möchte, und weil ich so aufgeregt bin, purzelt alles überstürzt aus mir raus.

»Ich weiß, was mit Ihnen nicht stimmt, alter Mann«, sage ich, »mein Papa hat mir nämlich alles über das Gehirn von Säugetieren beigebracht, über Querfunktion, linke und rechte Hirnhälfte ...«

Der Wodsch sieht mich merkwürdig an. Als wäre ich gar nicht da. Er ist nicht ganz bei sich, wirkt verwirrt und konfus.

»Es gibt ganz schlechte, aber auch etwas bessere Neuigkeiten«, tröste ich ihn. »Welche möchten Sie zuerst hören?«

Sein Kopf sackt nach links.

»Die schlechtere Neuigkeit – Sie haben einen *Schlaganfall*«, erkläre ich. »Die Adern zum Gehirn sind verstopft;

vielleicht haben Sie auch ein Blutgerinnsel. In der *rechten* Hirnhälfte. Die ist für die linke Körperhälfte zuständig, weshalb Sie sich auf der Seite so schlapp fühlen …

Die bessere Neuigkeit: Der linken Hirnhälfte geht es vermutlich gut … In unserem Zoo erholen sich die Tiere oft wieder von einem Schlaganfall, vor allem die größeren Säugetiere. Die haben große Hirne mit ungenutzten Reserven und lernen meist alles aufs Neue, was sie wissen müssen.«

»Dasda …« Er klopft sich mit der rechten Hand an die Brust, »dasda …« Sein linkes Auge rollt nach unten, das rechte strahlt und sieht unverwandt voraus in die Ferne.

Eine weiße Papierecke lugt unter seinem Revers vor. Sie gehört zu einem Brief in der Brusttasche, den ich jetzt rausziehe. Ich glaube, der Wodsch will, dass ich ihn an mich nehme.

Er nickt. »Nimm …«, lallt er.

Ich falte den Umschlag und schiebe ihn in die Seitentasche meiner Hose. Mir bleibt kaum Zeit zu lesen, was in grüner Tinte und seiner Schrift auf dem Umschlag steht, weshalb ich es erst auch nicht recht begreife:

Das letzte Testament des Mannes aus Stahl, Josef Petrowitsch, Generalsekretär des Zentralkomitees, in dem er seinen Nachfolger benennt.

»Wichtig?«, frage ich.

Er nickt.

»Wem soll ich ihn geben?«

Er lässt die Augen in verschiedene Richtungen rollen.

»Bruhah?«, frage ich.

Die rechte Gesichtsseite verzieht sich vor Schmerz, die linke bleibt unbeeindruckt. Ihm entweicht ein schriller Klagelaut.

»Kruschka?«

Er schließt die Augen und sieht verärgert drein, zumindest mit der funktionierenden Gesichtsseite. Müde schüttelt er den Kopf.

Ich nenne Malarkow, dann Bulgirow, aber er signalisiert beide Male ›nein‹.

Schließlich hebt er die linke Hand und hält einen Finger hoch. Ich nehme an, er will ein Ratespiel mit mir spielen.

»Ein Wort?«, frage ich.

Er nickt und streckt einen zweiten Finger aus.

»Zwei Silben?«

Er grunzt und streckt dann alle vier Finger und den Daumen aus.

»Fünf Buchstaben?«

Er nickt. Mühsam zeichnet er dann mit dem Zeigefinger der linken Hand jeden einzelnen Buchstaben in die Luft.

W…I…S…L…O…W

»Wolsiv?« frage ich, aber das ist nur ein Scherz.

»Wislow?«

Er nickt zweimal, dann flackern die Augen und schließen sich.

Er will also, dass ich – sobald er nicht mehr ist – den Brief einem Mann namens Wislow gebe, wer immer das auch sein mag.

Der Kopf des Wodsch fällt nach vorn, die Augen geschlossen, das Kinn auf der Brust. Der Puls an seinem Hand-

gelenk zeigt an, dass er noch lebt, ein schneller Puls, über
hundert Schläge in der Minute.

»Schluss mit den Spielchen, alter Mann ...«, sage ich.
»Sie brauchen ärztliche Hilfe, und das so schnell wie
möglich. Von einem Arzt, von mir aus auch einem Tierarzt. Oder von sonst wem ...«

11. Erinnerung an Lenin

Ich will von einem weiteren seltsamen Vorfall erzählen, einem dieser eigenartigen Zufälle, wie sie nur an diesem besonderen Ort geschehen – der Datscha des Mannes aus Stahl –, ein Ort, an dem sich auf Befehl des Mannes mit dem stählernen Willen die Gesetze der Natur von jenen unterscheiden, die in der Welt da draußen wirken. Kaum nämlich wird der Wodsch krank, werde ich es auch.

Normalerweise bin ich kräftig und gesund – falls ich nicht gerade einen meiner Anfälle kriege. Papa behauptet immer, ich hätte die Konstitution einer Blechbüchse. Wenn ich also mal vom Dach falle, von einem Milchwagen überfahren, vom Blitz gegrillt oder von einer Straßenbahn erfasst werde, sehe ich hinterher vielleicht ein bisschen mitgenommen aus, aber ich gebe nie auf.

Und doch ist mir plötzlich seltsam schwindlig; und ich habe schreckliche, pochende, rasende Kopfschmerzen.

Mir verschwimmt der Blick; von einer geplatzten Ader läuft das Weiße meines linken Auges blutrot an.

Es ist, als würde ich innerlich verbluten. Vom geringsten Druck bekomme ich überall blaue Flecke, auf der Brust, den Armen, den Beinen.

Probeweise drücke ich einen Finger auf meinen Knöchel, und haste nicht gesehen, bildet sich unter der Haut gleich ein blutroter Fleck.

Ich leide unter einer seltsamen Bluterkrankheit. Dass ich von innen nach außen blute, daran bin ich gewöhnt, jetzt aber blutete ich von außen nach innen.
Die Wachen bringen mich auf Matrionas Zimmer. Drei lange Tage liege ich auf dem Sofa, bin an einem höllischen, brodelnden Ort zwischen Schlafen und Wachen, winde mich und stöhne. Grässliche Bilder und fürchterliche Gedanken ziehen mir durch den Kopf.
Am vierten Tag ist der Kopf dann wieder frei. Ich stehe auf. Ich kann gehen. Die blauen Flecken sind verschwunden. Meine Haut läuft nicht mehr dunkel an.

Dem Wodsch aber geht es deutlich schlechter. Marschall Bruhah stürmt durchs Haus, als gehöre es ihm; in einem Zustand höchster Erregung klagt er hier seine Sorgen, verströmt dort seine Begeisterung und lässt jedermann wissen, dass der Wodsch im Sterben liegt. Abwechselnd bellt er Befehle oder bricht lauthals in Klagen aus.
Der Wodsch aber ist aus härterem Holz, als wir alle geglaubt haben. Tagelang verharrt er am Abgrund.
Das Tor zur Ewigkeit steht für ihn weit offen, doch weigert er sich, den letzten Schritt über die Schwelle zu schlurfen, hinein ins goldene Licht der anderen Seite.
Und dann erholt er sich, sammelt Kraft. Nach einer Woche redet er wieder und kann durchs Zimmer humpeln. Körperlich geht es ihm offenbar besser, in seinem Kopf aber geht es ihm wohl immer schlechter, und er scheint geistig rapide abzubauen.

Ein Schlaganfall kann wahre Verwüstungen anrichten. So hat der Wodsch wohl mancherlei an grundlegendem Wissen und soliden Fakten vergessen – zumindest für den Moment.

Was mich in gewisser Hinsicht erleichtert. Ich habe nämlich ständig Angst, er könnte den Brief zurückverlangen. Sein Testament, den Letzten Willen. Jetzt, da er beschlossen hat, weiterzuleben.

Und ich würde ihm den Umschlag ja auch nur zu gern zurückgeben. Schließlich gehört er ihm, und er kann damit machen, was er will. Nur habe ich ihn zur Sicherheit versteckt. Und ich kann mich nicht mehr erinnern, wo.

Ich weiß nicht, wie ich ihm sagen soll, dass ich den Brief verloren habe. Ich habe Angst, dass er wütend wird, sobald er davon erfährt. Und ich fürchte, der Brief könnte *vertraulich* sein. Oder schlimmer noch: *wichtig*.

Aber der Wodsch hat die Erinnerung an so viele, viele Dinge verloren; der Brief scheint da vergleichsweise unwichtig zu sein.

★

Papa hat mir von seinem großen Kollegen Professor Lurija erzählt, dem Psychologen, und von dessen Studien darüber, wie das menschliche Gedächtnis funktioniert und wie es versagt.

Genosse Alexander Romanowitsch Lurija wies nach, dass wir verschiedene Gedächtnisse haben, die in verschiedenen Räumen unseres Gehirns untergebracht sind. Ein Gedächtnis wie ein Film, ein endloser Streifen, auf dem

sämtliche Episoden unseres Lebens festgehalten werden –
all das, wo wir gewesen sind, was wir getan und wen wir
kennengelernt haben. Dieser Film ist unsere persönliche
Erinnerung an unsere lebenslange Erfahrung. Wir können ihn vor unserem inneren Auge vor- oder zurücklau-
fen lassen.

Und wir verfügen über ein völlig anderes, wie eine Enzyklopädie aufgebautes Gedächtnis – das sogenannte se-
mantische Gedächtnis, das Buch der Bedeutungen –, mit
all unserem Wissen über die Welt, darüber, was was ist
und wie was funktioniert.

Nach dem zu urteilen, wie der arme Wodsch redet, wurden außer seinem Verstand auch beide Gedächtnisse beschädigt. Wie es eben geschieht, wenn die Blutzufuhr
zum Hirn unterbrochen wird. Erinnerungen schrumpeln
zusammen. Wissen stirbt ab.

Man ist in der Gegenwart gestrandet und hat ein paar jener Trittsteine verloren, die in die eigene Vergangenheit
führen.

Ihm fehlen Erinnerungen an sein Leben und Erinnerungen an grundsätzliches Allgemeinwissen. Was bedeutet,
dass er die Dinge nicht mehr so gut versteht wie zuvor.

Noch schlimmer ist es, wenn der Wodsch sich an manchen Tagen nicht mehr an das erinnern kann, was erst
wenige Minuten zuvor geschah. Dann sind wir wieder da,
wo wir angefangen haben.

★

Doch wo ein Wille ist, da ist ein Weg. Und für den, der nicht zu stolz zu fragen ist, gibt es immer einen bereitwilligen Helfer.

Der Wodsch benutzt mich neuerdings als ein verlängertes Organ, als ein zusätzliches Gehirn, ein Reserve-Gedächtnis, sooft sein eigenes ihn im Stich lässt. Statt also in den eigenen Erinnerungen zu wühlen, fragt er mich.

Das ist ein Geheimnis zwischen uns beiden. Und da ich gleichsam zum Gesinde gehöre und jemand bin, der gern für sich bleibt, muss er nicht befürchten, dass dies bekannt werden könnte.

Er flüstert mir einfach die Fragen zu und bläst mir dabei seinen warmen, feuchten, tabakschweren Atem ins Ohr, bis es juckt und die Ohrläppchen ganz nikotinfleckig werden. Weil es so juckt, muss ich mir jeden Abend den gelben, öligen Film auswaschen.

»Hallo Lachgesicht«, sagt er, »ich habe befohlen, dich herbringen zu lassen. Ehrlich gesagt, und das muss unter uns bleiben, ich brauche dich, damit du dich für mich an ein paar Sachen erinnerst. Hast du gerade den Kopf frei? Ich könnte mich ja selbst erinnern, aber mich beschäftigen gerade so viele andere Dinge.«

»*Juri*«, erinnere ich ihn. »Ich heiße Juri.«

»Mag sein ...«, erwidert er, »aber das hilft mir jetzt auch nicht weiter und ist mir auch egal ... Was ich wissen will ... woran du dich für mich erinnern musst ... ganz im Vertrauen ..., das ist der Name eines Ortes. Er liegt in Asien, östlich von China und umfasst viele Inseln; ich glaube, so was nennt man ein *Land*. Es ist auch als Land der aufgehenden Sonne bekannt ...«

»Das dürfte Japan sein.«

»Japan.« Er nickt weise. »Du hast recht. Es war die ganze Zeit da, lag mir auf der Zungenspitze. Und noch etwas ...«

»Ja, Wodsch?«

»Ein wildes Tier, kleiner als ein Luchs. Bissig, sehr scharfe Zähne ...«

»Wolf? Fuchs?«

»Die doch nicht, blöder Junge.«

»Iltis?«

»Natürlich nicht, du Idiotnik ... Es hat herrlich dichtes Fell, aus dem man schicke Hüte macht.«

»Zobel?«

»*Zobel*, genau«, faucht er. »Warum hast du das nicht gleich gesagt?«

★

Er ist ziemlich reizbar geworden und beschwert sich ständig darüber, dass ihn alle, wie er behauptet, reinzulegen versuchen oder ihn einfach im Stich lassen.

»Sie halten mich gefangen«, sagt er. »Hindern mich daran, meine Arbeit zu tun.«

»Wer?«, frage ich.

»*Dingens*-kow«, sagt er. »Bruhah-*haha, Bulgiwienochmal?* und *Duweißtschonwer*. Alle vier. Die haben sich gegen mich verbündet.«

»Sind Sie sicher?«

»Die lassen mich nicht mal Andrey Miokan erschießen ...
Das ergibt doch keinen Sinn!«

»Ehrlich nicht?«

»Sie behaupten, er sei alt und treu ergeben ... Aber so
was sagt man über einen Hund, nicht über einen Mann,
oder?«

Ich zucke die Achseln.

»Und sie sagen, ich dürfe Amerika nicht bombardieren
lassen.«

»Nein?«

»Sie sagen, das gäbe Ärger. Vielleicht sogar einen
Krieg ...«

Ich nicke mitfühlend. Ich kann beide Seiten verstehen,
aber es steht mir nicht an, mich für eine der beiden zu
entscheiden.

»Wir haben unsere Nuklearraketen – abschussbereit. Da-
mit könnten wir die Ostküste Amerikas treffen. Auch den
Westen, könnten New Angeles in Schutt und Asche legen,
Bostow, Los Francisco, San-was-weiß-ich und Modern
York, aber sie hindern mich, wollen nicht, dass ich die Ra-
keten abfeuere.«

»Die haben bestimmt ihre Gründe«, mutmaße ich.

»Und dann will ich die Juden zusammentreiben und in
die Lager ins Kalte Land schicken, aber das lassen sie auch
nicht zu.«

»Im Ernst?«

»Sie behaupten, es könnten nicht *alle* Juden Giftmischer,
Verräter und Spione sein.«

»Nein?«

»Wie können sie es wagen, sich mir zu widersetzen? Ich bin der Stählerne Josef, Generalsekretär des …«, er verstummt, verdreht die Augen, versucht sich zu erinnern, »… jedenfalls von irgendwas ziemlich Wichtigem …« Während er seine Erinnerungen zu fassen versucht, verzieht er vor Anstrengung das Gesicht, »… außerdem Vorsitzender von einem ganz speziellen Dings, sogar Oberster …«

Plötzlich ist er abgelenkt, irgendwas in der Zimmerecke hat seine Aufmerksamkeit erregt.

»Was ist das?«, fragt er mit anklagender Geste. Anlass für sein Misstrauen und ein verschärftes Verhör ist ein Ledersessel.

»Tja, das ist eine Art Stuhl«, antworte ich, »ein Drehstuhl.«

»Wofür soll der gut sein?«

Ich tue ihm den Gefallen und setze mich auf den Stuhl, mache eine volle Umdrehung.

»Bravo!« Er applaudiert. »Gut gesteuert. Ich sehe, du bist so was schon mal gefahren.« Er staunt, wie leicht der Stuhl sich dreht. »Hervorragende Ingenieurskunst.« Wieder klatscht er in die Hände, spendet dem Stuhl Beifall. »Genau deshalb ist die sozialistische Technik die beste der Welt. Deshalb werden wir die Ersten im Weltall sein.« Diese Raffinesse bringt ihn zum Lachen. Er setzt sich, stößt sich mit der Hand ab und rollt mit dem Stuhl hin und her. »Was man wohl noch alles erfinden wird?«

»Und das da?«, fragt er und deutet auf den Tisch. »Was ist das?«

»Ein Globus«, antworte ich. »Ein Modell der Welt, das sich um die eigene Achse dreht.«

»Die Welt ist *rund?*«

»So heißt es.«

»Das hätte man mir sagen müssen.« Er runzelt die Stirn. »Das *Ministerium für Rundes* hätte mich informieren müssen ...«

Gleich darauf humpelt er auf und ab, brummelt leise vor sich hin, fuchtelt mit den Händen und spricht dann zum leeren Zimmer über drängende politische Probleme, als probte er eine Rede.

»Ich ärgere mich über ... *diese Menschen*«, erklärt er. »Diesen Abschaum ... dieses Geschmeiß ... sie sind die Feinde der *anderen* Menschen ... Sie gehören aus der Partei geworfen, sollten ihre Arbeit verlieren, müssen aus ihren Häusern vertrieben und vom ehrlichen, anständigen Volk getrennt werden. Man schicke sie in Arbeitslager. Manche Menschen müssen leiden, um ihre Schuld ans Vaterland zurückzuzahlen, um Entschädigung zu leisten. Wenn sie dabei krepieren, ist mir das völlig schnurz. Und mir ist auch schnurz, wenn dadurch ein Krieg ausgelöst wird, die Mutter aller Kriege, Krieg mit Amerika. Denn zum Krieg kommt es ganz bestimmt ... Das wird der Höhepunkt der Geschichte ...«

»Wer sind die? Diese Menschen?«, frage ich. »*Ärzte?*«

»Nein.« Er tastet das Wort auf seine Bedeutung ab und verwirft es. »Nein, keine *Ärzte.*«

»Zionisten?«, mutmaße ich. Über die hat er sich schon früher beklagt.

»Nein, auch keine Zionisten. Obwohl die schlimm genug sind.«

Ich zucke die Achseln, kann ihm nicht helfen, kann mich

auch nicht erinnern.

»Wie schrecklich, Menschen so sehr zu hassen, so absolut, so unerbittlich und gnadenlos.« Er sinniert über diese Ungerechtigkeit nach. »Und sich dann nicht mal an ihren Namen erinnern zu können …«

»Das glaube ich.«

»Denn wenn man ihre Namen nicht kennt … kann man sie nicht erschießen lassen …« Die harsche Stimme klingt müde; bekümmert schüttelt er den Kopf. »Dabei sehe ich sie *genau* vor mir … Diese Nichtsnutze, reaktionären Bastarde, parasitischen Würmer, diesen Abschaum, diese menschlichen Exkremente, diese Fleischvergeudung, dieser Müll, dieser Fliegenschwarm auf einem Scheißhaufen, diese wuselnden Ratten in einem fauligen Pferdekadaver; ich weiß bloß, dass ich sie hasse. Sie verachte. Widerlich finde. Sie sind Gesocks, Kackwürste … Besser, jede Menge davon zu erschießen, als sie länger unter uns zu erdulden … Sie sind wie ein Krebsgeschwür in unserem Innersten …«

»Aber wie können Sie die so hassen, wenn Sie nicht mal wissen, wer sie sind?«

»Ich hasse und verachte sie«, er fixiert mich mit seinen ruhigen braunen Augen und fuchtelt mit dem Zeigefinger, »in aller Ernsthaftigkeit, mit meiner ganzen Willenskraft, meinem Herzen und meinem Verstand, zum Wohle des Volkes, zum Schutz der progressiven Entwicklung der Geschichte, zur Absicherung der Errungenschaften der Revolution und um die Rechte des Proletariats zu schützen; aus vielen starken sozialistischen Gründen …«

»Ja?«

»Im Moment aber ...« Er windet sich, schaut unbehaglich drein, wird schamrot, »kann ich mich nicht daran erinnern, welchen Namen diese Menschen benutzen, wer sie sind. Ich weiß nur, ich habe sehr gute Gründe, sie zu hassen. Wirklich gute, ideologisch einwandfreie Gründe, ganz ohne persönliches Sentiment, Gründe, die auf den Lehren von Marx beruhen, von Engels und von ...« Er versucht sich zu erinnern. »Wie heißt noch mal gleich der Dritte ...?«
»Meinen Sie *Lenin*?«
»Ja, ja ...« Er lächelt, denkt an einen alten Freund. »Hilf mir gerade mal auf die Sprünge. Wie geht es dem guten, alten Lenin heute? Wir haben ihn lange nicht mehr gesehen.«
»Ist er nicht tot?«, frage ich.
In der Schule hatte man uns beigebracht, dass er schon 1924 starb.
»Wladimir Iljitsch Uljanowsk ist *tot*?« Die Stimme bricht, die Brust wogt, Tränen rinnen aus den alten Walrossaugen und tröpfeln in Schlängelbahnen über ledrige Wangen in den Schnauzbart. »Warum hat mir das keiner gesagt?«

Ich denke zurück, versuche herauszufinden, wie viele Tage ich schon in dieser Datscha und von meinem Vater getrennt bin. Dreizehn? Vierzehn? Ich weiß es nicht.
Hier verläuft die Zeit ungleichmäßig, mal wie Quecksilber wahnwitzig schnell, dann wieder verdichtet sie sich

zu schweren Klumpen. Und die Wochentage fühlen sich ausnahmslos gleich an. Jeder Tag scheucht uns müde, triefäugig und viel zu früh aus dem Bett, um uns ins Wildwasser der Launen unseres Wodsch zu werfen.

Am Ende dann wird gefeiert. Wieder ein Tag überlebt. Und jeder Abend klingt mit einem trunkenen Fest aus.

12. Das letzte Abendmahl

Wie Phönix aus der Asche.

Am nächsten Tag geht es ganz wie in alten Zeiten zu, so wie in den besten Tagen vor seiner letzten Erkrankung. Der Stählerne steht um elf Uhr auf, nimmt ein leichtes Frühstück zu sich, Obst, Eier und Brot, und sitzt am Mittag in seiner Limousine, um sich mit rasendem Tempo in den Volkspalast fahren zu lassen.

Berichten zufolge gibt er Manuel Bravo, dem argentinischen Botschafter, eine Privataudienz, arbeitet im Büro und trifft sich mit einer Reihe von Würdenträgern sowie Beamten, ehe er sich um acht Uhr abends mit einigen Mächtigen nach unten ins Kino des Palastes begibt. Man sieht sich den Film *Lebenskünstler* des Yankee-Regisseurs Frank Capra an.

Der Vorführer des Wodsch, Iwan Sanchin – ein hagerer, nervöser Mann im Overall, von dem man noch nie ein Wort gehört hat –, zeigt den Streifen gemeinsam mit dem Film-Minister Iwan Bolschakow, der wie immer anwesend ist, um filmische Details zu erklären, zu übersetzen, sich beleidigen zu lassen und um sein Leben zu fürchten, sollte der Film sich als Enttäuschung erweisen.

Da es dem realen Wodsch, dem wahren Wodsch, nicht gut geht, weil er sich vom Schlaganfall erholt, links nicht von rechts unterscheiden kann und nicht mehr weiß, dass

Lenin tot oder wer der Präsident der Vereinigten Staaten ist, übernimmt seine Rolle an diesem Tag sein bester Doppelgänger, Genosse Direktor Diki, dem die Erlaubnis erteilt wurde, ausgiebig stieren, die Stirn runzeln und grunzen zu dürfen und selbst innerhalb gewisser Grenzen wie der Große Anführer zu reden, sofern es bei Höflichkeiten und seichtem Geplauder bleibt. Als aber das Abendessen in der Datscha ansteht, geht es dem echten Wodsch plötzlich wieder so gut, dass er seinen Doppelgänger entlassen und persönlich daran teilnehmen, selbst reden, trinken und essen kann.

Für den Wodsch ist es eine vertraute Runde – unter anderem mit Bulgirow, Malarkow, Kruschka und Bruhah –, die sich kurz vor Mitternacht im kleinen Esszimmer trifft. Die Anrichte präsentiert ein georgisches Büfett mit Tomatensalat, Gemüse-Pchali, gebratenen Auberginen, Chinkali, Mtswadi, Chartscho, Lobio, Tschachochbili, Adscharuli Chatschapuri, aufgetragen unter den wachsamen Blicken von Laboka, der Wache, und Matriona, der Haushälterin.
Der Wodsch scheint meine Rolle als Vorkoster vergessen zu haben, denn er reagiert gereizt, als ich mich pflichtschuldig und stets zur rechten Zeit mit seinen Tellern befasse, vor ihm sein Essen koste, hier ein rascher Löffel, dort flugs ein Gabelstich und manchmal auch ein blitzschneller Finger, den ich, wie es sich für einen Vorkoster gehört, in diverse Soßen tunke.

Doch er dreht sich zu mir um, lächelt, sodass alle am Tisch es sehen können, und flüstert mir freigiebigen Rat ins Ohr.

»Verpiss dich«, sagt er, »beklopptes Kind. Und halt deine fettigen, schmierigen Grabscher aus meinem Essen, sonst lass ich dich mit Rosmarin bestreuen, mit Zitronensaft beträufeln, in Schweinefett wenden und am Spieß braten, einen Apfel in deinem sperrangelweiten Maul.«

Das lässt mir einen Schauder über den Rücken laufen, zaubert ein Lächeln in mein Gesicht. Ich bin plötzlich seltsam stolz auf ihn. Einen Moment lang klang der Wodsch wieder wie früher. Man weiß, er ist auf dem Weg der Besserung und gut aufgelegt, wenn er glasklar droht und flucht wie ein Droschkenkutscher.

Heute Abend funktioniert sein Verstand einwandfrei; offenbar fließt reichlich Blut zu seinem Hirn.

Er fängt an, über Regierungsgeschäfte zu reden, und fragt Bruhah, wie es um die inhaftierten Ärzte bestellt ist. Er will wissen, ob sie schon gestanden haben, dass sie die Führungsriege der Union der Sozialistischen Republiken ermorden wollten.

Er mahnt an, dass die Ärzte gebrochen werden müssen. Und das rasch. Sie haben die Morde an Schurpikow und Zootzijew durch medizinischen Pfusch zu gestehen. Und diese Ärzte müssen Juden sein. Sie müssen bekennen, als Ärzte und zionistische Saboteure im Dienst des amerikanischen Faschismus gestanden zu haben.

All das muss rechtzeitig vor den öffentlichen Schauprozessen passieren. Und wenn man sie nicht bald bricht, muss der für ihre Verhöre Zuständige selbst gebrochen werden, um ihn dann durch jemanden zu ersetzen, der Ärzte gut und rasch brechen kann.

Es gibt Nüsse zu knacken, sagt der Wodsch, wo also ist der Nussknacker?

Einer der führenden Köpfe des Ministeriums für Staatssicherheit wurde wegen Saumseligkeit und Inkompetenz hingerichtet, ein weiterer könnte bald fallen.

Ist doch ganz einfach, sagt der Mann aus Stahl. Wer verhört, zieht die Handschuhe aus und tut nicht länger freundlich. Die Ärzte muss man schlagen. Dann gleich noch einmal. Und anschließend noch mal. Brecht ihre Knochen. Zermalmt sie zu Staub.

»Und *wieheißternoch?* Der, der behauptet hat, ich sei krank, regierungsunfähig und solle abtreten?«

»Professor Weidermann«, erwidert Bruhah. »Hat eine schnelle Zunge und behauptet, Sie litten unter Ohnmachtsanfällen und wären nicht ganz klar im Kopf.«

»Sorg dafür, dass er gründlich geschlagen wird«, sagt der Wodsch, »so gründlich wie nur möglich. Mehr als einmal. Lassen wir ihn selbst ein bisschen unklar im Kopf werden und ein paar Ohnmachtsanfälle erleiden ...«

»Wird gemacht.« Bruhah nickt.

»Und doch werden wir alle älter«, sagt der Generalsekretär ernst und mustert seine vier Assistenten mit unheilvollem Blick. »Nur weiß ich nicht, wer mich einmal ersetzen könnte, falls dieser Tag je kommen wird und meine Kräfte nachlassen sollten ...«

»Das liebende Volk liebt den Geliebten Führer«, sagt Bruhah. »Niemand könnte ihn ersetzen.«

»Er ist der Gärtner menschlichen Glücks«, sagt Kruschka, »der Große Onkel, Freundliche Vater, das Sammelbecken all unserer Träume. Das Genie. Die Sonne, die unseren Tag erhellt. Er wird von allen geliebt, wohin er auch geht.«

»Wir kennen das Gedicht natürlich auswendig«, sagt Bruhah. Und er beginnt, es aufzusagen:

O großer Stählerner Genosse,
Führer aller Völker,
Allergrößter Philosoph.
Mit freundlichstem Herz,
Moralischer Leuchtturm für die Welt.
Du, der Du die Erde befruchtest,
Du, der bewirkt, dass der Frühling erblüht,
Du, die Pracht aller Jahreszeiten,
Trabant der Planeten,
O Du Sonne, deren Licht in viele Millionen Herzen strahlt.

»Sag«, will Kruschka wissen, »ist je ein anderer Mensch derart von seinen Mitmenschen geliebt und verehrt worden?«

»Der Generalsekretär befindet sich bei prachtvoller Gesundheit auf dem Höhepunkt seiner Macht«, stellt Bruhah fest.

»Diesen Genossen kann man nicht ersetzen«, erklärt Kruschka.

»Sie sind rostfrei und wahrhaft ein Mann aus Stahl«, sagt Marlakow.

»Und?« Der Wodsch schaut Bulgirow an, der verlegen schweigt, die Miene matt und unbestimmt, so blickt er über den Rand seiner Goldbügelbrille in die Ferne. »Wie war noch mal der Name?«

»Bulgirow«, antwortet Bulgirow etwas verblüfft, da der ihm seit mehr als fünfzig Jahren vertraute Kamerad sich offenbar nicht mehr an seinen Namen erinnern kann.

»Also, Bulgirow, kannst du meinen Platz einnehmen, du flohverseuchter alter Vogel, du Sack voll Federn und Scheiße?«

»Nein, Genosse«, erwidert Bulgirow, »dafür fehlt es mir an Weisheit, Güte, Kraft und Autorität.«

»Aber du bist doch ein alter, wurmstichiger, fauler Kadaver, nicht? Genau wie Motolow.«

»Wenn Sie das sagen«, murmelt Bulgirow, sondert ein schmallippiges Lächeln ab und nickt höflich.

»Kretski dagegen ist ein Jude und Yankee-Sympathisant … Und *duweißtschon* ist ein Lügner und Betrüger. Und *wieheißternochmal* ist ein Volltrottel.«

»Ist er das?«, fragt Malarkow.

»Und Bruhah hier ist Mingrelier, ein Ausländer und Vergewaltiger. Der muss seinen Schwanz in alles stecken, was sich bewegt, selbst in die Frauen seiner Kollegen. Und man weiß ja, dass er seine eigenen Kinder frisst …«

»Koba!«, protestiert Bruhah.

»Und der arme Kruschka hier ist ein Bauerntrampel, der kaum seinen Namen buchstabieren kann. Sein Leben lang hat er kein Buch aufgeschlagen, kann nicht mal bis fünf zählen und eignet sich höchstens dafür, ein Schlachthaus zu leiten …«

Kruschka läuft rot an. Man kann nicht übersehen, dass er zutiefst verletzt ist, aber seine Lippen bleiben versiegelt.

»Und was heißt das jetzt für uns?«

Die Versager senken den Blick oder schauen beiseite und bleiben stumm.

»Einige von euch glauben, ihr könnt euch auf vergangenen Ruhmestaten ausruhen. Glaubt, eure übermächtige Stellung mache euch sicher und unangreifbar, aber dem ist nicht so. Niemand ist sicher. Niemand steht über dem Gesetz, und auch der Höchste kann tief fallen ...«

Mit stummer, leidvoller Würde starren die vier den Wodsch an. Sie erinnern mich an die Wölfe im Hauptstadtzoo, wie sie geduldig im Kreis hocken und auf die Fütterung warten. Jeder kennt seinen Platz im Rudel. Jeder weiß, dass es genug zu fressen geben wird. Vor allem, wenn man Glück hat und der Wärter mal einen Moment nicht aufpasst.

Dann dreht sich der Wodsch zu mir um.

»Schluss mit Arbeit. Lasst uns ein Spiel spielen. *Mimt ein Tier*. Juri hier fängt an. Suchen wir seine Aufgabe aus ...«

Er langt mit der Hand in Marschalls umgedrehten Hut, fischt ein Papierkügelchen heraus, rollt es auf, glättet den Zettel und liest die ausgewählte Aufgabe vor.

»Juri«, befiehlt er, »du bist Sergeis Foxterrier. Du läufst zweimal um den Tisch, auf allen vieren, bellst dabei, schnüffelst dann an Andreis Arsch und leckst Nikita übers Gesicht. Anschließend rammelst du das Tischbein und darfst nicht vergessen, immerzu mit dem Schwanz zu wackeln ...«

Manchmal könnte man meinen, er will die Leute kleiner und mickriger aussehen lassen, als sie tatsächlich sind. Malarkow muss nämlich eine Maus im Gebälk spielen und Bruhah eine Made in einem fauligen Stück Fleisch, die sich in eine Bremse verwandelt.

★

Und so geht es weiter bis in die frühen Morgenstunden. Es fließt noch mehr georgischer Wein. Es gibt noch mehr Spiele. Man misst sich im Armdrücken; und es wird gesungen. Dann wieder fließt georgischer Wein. Danach Brandy. Malarkow schläft am Tisch ein und muss zur Strafe sieben Gläser Wodka trinken, woraufhin er sich prompt in die Hose pinkelt.

Kruschka fällt beim Tanzen voll aufs Gesicht und muss deshalb eine Flasche finnischen Moltebeerenlikör leeren. Der Wodsch selbst hält sich mit dem Trinken zurück, bleibt nüchterner als seine Lakaien, beobachtet sie mit ironischem Vergnügen und zieht nur hin und wieder an den Strippen, lässt die Puppen tanzen.

Um vier Uhr früh hat er genug und löst die Versammlung auf.

Es ist Sonntag, aber er warnt die Runde, dass er morgen schon früh anrufen wird. Er rät allen, nach Hause zu eilen und sich einige Stunden Schlaf zu gönnen, ehe das Tagewerk aufs Neue beginnt.

Die Chauffeure werden aus der Küche gerufen, die Limousinen fahren vor, rollen zum Haupteingang, knirschen über den Kies. Wie so oft teilen sich Malarkow und Bruhah einen Wagen. Kruschka fährt bei Bulgirow mit.

Isakow, der Wachposten, bringt den Wodsch zum Zimmer seiner Wahl. In dieser Nacht entscheidet er sich für den

Raum hinter dem kleinen Esszimmer, den er seit Tagen nicht mehr benutzt hat.

Nachdem Isakow den Wodsch zu seinem Zimmer geleitet hat, verkündet er den übrigen Wachen: »Der Generalsekretär hat Folgendes gesagt: ›Wegtreten. Ich gehe jetzt ins Bett und werde Sie nicht mehr brauchen. Sie können sich jetzt auch schlafen legen.‹«

»Er hat *wegtreten* gesagt?«, fragt Lakoba, Oberst der Wache.

»Hat er.«

»Wie: Ihr habt *dienstfrei?*«

»Ganz genau.«

»Tja«, sagt Lakoba, »das habe ich ihn noch nie sagen hören. In sieben Jahren nicht.«

»Muss in großmütiger Laune sein«, meint Isakow. »Jedenfalls hat er gesagt, wir sollen uns alle mal richtig ausschlafen, er würde uns nicht mehr brauchen.«

13. Das Rätsel um das verschlossene Zimmer

Am nächsten Morgen spüren wir alle, dass was nicht stimmt, nur wissen wir nicht, was es ist. Und wir haben keine Ahnung, was wir tun sollen.

Ich warte darauf, vom Wodsch zum Frühstück gerufen zu werden, aber der Ruf bleibt aus.

Alle im Haus wissen, wo der Mann aus Stahl und Große Vater sich am Abend zuvor zur Ruhe begeben hat. Er entschied sich für Wohnzimmer drei. Und jedermann weiß, dass er in der Umgebung dieses Zimmers leise sein muss. Es stecken Sensoren in allen Polstermöbeln dieser Zimmer, und die in Raum drei haben der Wache in den frühen Morgenstunden Bewegung signalisiert, dass der Wodsch sich auf dem Sofabett hin- und hergeworfen hat. Seither sind sie verstummt.

Die Angestellten warten auf dem Flur vor der Tür. Matriona, die Haushälterin, steht neben einem kleinen ovalen Tisch mit dem Frühstückstablett. Ein Finger prüft die Kaffeekanne, und sie schnalzt mit der Zunge. Zu kalt; sie muss neuen Kaffee kochen.

Zehn Uhr, nichts rührt sich.

Elf Uhr, immer noch keine Bewegung.

Mittag. Weiterhin nichts.

Die Wachen beidseits der Tür geben lautlose Kommentare von sich, heben die Brauen, rollen mit den Augen, zucken die Achseln. Es ist später, als der Generalsekretär je geschlafen hat, aber er steht nicht auf.

Matriona legt ein Ohr an die Tür, dann an die Wand zum Nebenzimmer, kann aber nichts hören. Ich warte auf dem Flur darauf, hereingerufen zu werden, um von seinem Frühstück zu kosten. Mein Bauch beginnt zu rumoren, denn das Frühstück vom Wodsch ist auch mein Frühstück. Ohne ihn kann ich nicht anfangen.

Keine der Wachen wird es wagen, ihn zu stören. Der Generalsekretär hat es ausdrücklich verboten. Er hat seiner Wachmannschaft gesagt, er werde jeden erschießen lassen, der unerlaubt den Raum betritt. Und er steht zu seinem Wort. Erst letztens hat er Sekretär und Leibwache nach zwanzig Jahren treuer Dienste beseitigen lassen.

Den ganzen Nachmittag warten wir auf dem Flur – Matriona, ich selbst, die beiden Wachen vor der Tür und noch zwei am Eingang zum Garten, eine Magd und Pawel, der neue Sekretär.

Andere Bedienstete kommen und gehen, pressen ihr Ohr an die Tür, an die Wand, versuchen etwas zu hören und schütteln den Kopf. Sie zucken die Achseln. Keinerlei Signale, keine Hinweise, keine Anzeichen.

Um drei Uhr werden die vier Wachen tollkühn und lassen das Los entscheiden. Der Plan ist einfach. Wer das kürzeste Streichholz zieht, ruft vom Telefon in der Haupthalle im Zimmer des Generalissimus an. Zu dem Telefon hat jeder Zugang. Der Verdacht wird also nicht auf die Wachen fallen. Der Anrufer legt auf, sobald abgehoben wird; die anderen drei schwören, ihn nicht zu verraten. Alle werden bestreiten, den Anruf gemacht zu haben.

Setzt man sie unter Druck, werden sie behaupten, es sei Dmitri gewesen, der Chauffeur. Er ist ein ruppiger, ungeselliger Kerl, unverheiratet und ohne Kinder. Im schlimmsten Fall muss er eben dem Allgemeinwohl geopfert werden; niemanden sonst wird man so wenig vermissen wie ihn.

Vorm Zimmer des Genossen können wir das Telefon hören. Es klingelt laut, klingelt wieder und wieder, aber niemand hebt ab.

Und obwohl der Genosse rostfrei ist, ein Mann aus Stahl, unbezwingbar und nahezu unsterblich, sehen die vor der Tür Versammelten besorgt drein.

Wir machen uns große Sorgen um ihn. Wir machen uns Sorgen um uns selbst, falls ihm was Schlimmes zugestoßen ist. Es gibt Ärger, wenn wir nichts tun. Es gibt Ärger, wenn wir was tun. Allein das aufbrausende Temperament des Wodsch, der mit Strafen so schnell zur Hand ist, hindert uns daran, gewaltsam in sein Zimmer einzudringen.

Die nachmittäglichen Schatten werden länger. Die Wache wechselt, die Tagschicht ist zu Ende. Draußen gehen die Scheinwerfer an. Wir hören den Mannschaftsbus über den Kies knirschen, als die Tagschicht zurück in die Stadt gebracht wird.

Wie jeden Abend kommt um zehn Uhr aus dem Volkspalast das letzte Postpaket mit wichtigen Dokumenten und Angelegenheiten, die die sofortige Aufmerksamkeit des Wodsch verlangen.

Er hat immer darauf bestanden, dass ihm auf der Stelle die Post gebracht wird, ohne Verzögerung, ohne jedes Tamtam, egal, was er auch gerade tut.

Endlich – zwölf Stunden nach Beginn unserer Sorge – haben wir also die Erlaubnis. Es ist sicher, ins Zimmer zu gehen.

Lakoba, Oberst der Wache, befiehlt Solitow, das Postpaket abzugeben.

Die Tür ist unverschlossen. Von der Schwelle aus kann ich sehen, dass der Wodsch lang hingestreckt auf dem Parkettboden liegt.

Er liegt in einer Pfütze, wohl sein eigenes Pipi. Er trägt ein weißes Unterhemd und lange Wollunterhosen. Neben ihm sehe ich ein Exemplar der *Täglichen Wahrheit*. Und seine Armbanduhr, das Glas zerbrochen. Sie ist um 6.30 Uhr stehen geblieben.

Er hebt die rechte Hand.

»Dzz ...«, sagt er. »Dzz ...«

Der Wodsch ist rot im Gesicht, die Lippen laufen blau an. Er ist ziemlich benommen und sehr wütend.

Matriona erklärt, seine Haut fühle sich kalt an. Er steht unter Schock, kann nicht deutlich sprechen, der Blick verschwimmt. Leicht zu erraten, was passiert ist. Er hatte noch einen Schlaganfall.

Tomski, der Wachposten, und Matriona heben ihn an, tragen ihn nach nebenan, ins kleine Esszimmer, und legen ihn aufs Sofa. Hier ist es wärmer; es gibt auch mehr Platz, und die Luft ist frischer.

Lakoba sagt Solitow, er solle den Minister für Staatssicherheit anrufen.

Sobald er Jubiow, den Minister, am Apparat hat, befiehlt

er, Bruhah und Malarkow anzurufen und deren Befehle zu befolgen.

Sie rufen Malarkow an. Er sagt: »Tut gar nichts.« Er wird zurückrufen.

Eine halbe Stunde später ruft er dann zurück und sagt, er komme nicht zu Bruhah durch, trägt ihnen aber auf, in der Nähe des Telefons zu bleiben und auf weitere Anweisungen zu warten.

Eine halbe Stunde später ruft Bruhah an.

»Sagt niemandem, dass der Wodsch krank ist. Ich komme sofort, um mir selbst ein Bild von der Lage zu machen.«

Um drei Uhr früh trifft Bruhah mit Malarkow ein. Sie gehen zum Wodsch, der immer noch auf dem Sofa im Esszimmer liegt. Malarkow merkt man das Entsetzen an. Um den Wodsch nicht zu stören, bleibt er stehen, zieht seine knarzenden Stiefel aus und klemmt sie sich unter den Arm. Bruhah dagegen wirkt entspannt und gut gelaunt.

»Ach«, sagt Bruhah und blickt auf den Mann aus Stahl herab, »weshalb die Panik? Seht ihr nicht, dass der Genosse nur ein Nickerchen macht? Wie friedlich er schläft. Muss schrecklich müde gewesen sein …«

Damit drehen Bruhah und Malarkow sich um und verschwinden.

Niemand weiß, was getan werden soll. Die Wachen wagen es nicht, Bruhah zu trotzen. Entscheidungen zu treffen ist nicht ihre Aufgabe.

Um acht Uhr lässt sich Kruschka blicken. Er wirkt ängstlich, geht nicht zum Wodsch, aber als er hört, wie schlecht es um ihn bestellt ist, trägt er uns auf, einen Arzt zu rufen. Und das wird höchste Zeit, schließlich liegt der Mann aus

180

Stahl schon einen ganzen Tag lang ohne jede medizinische Hilfe da.

★

Es dauert dreiunddreißig Minuten, bis die moderne Medizin eintrifft, und als sie kommt, kommt sie mit lautem Getöse und in voller Stärke, kommt mit Sirenen und Blaulicht, ein wahrer Konvoi, Lastwagen, Krankenwagen und Autos, die eine Heerschar von Ärzten und Krankenschwestern ausspucken. Namensschildchen an den Kragenaufschlägen kennzeichnen sie penibel als Kardiologen, Anästhesisten, Thoraxchirurgen, Neurologen, Hals-, Nasen-, Ohren- oder Augenspezialisten. In ihrem Gefolge schieben Techniker mobile Röntgenmaschinen und Lebenserhaltungssysteme ins Haus.

Die Ärzte drängen ins Zimmer, verhalten sich dann aber seltsam zögerlich. Niemand scheint als Erster Hand an den Kranken legen zu wollen.

»Bitte, Genosse Professor, möchten Sie nicht die Erstuntersuchung machen?«

»Bitte, Genosse Kollege, ich finde, ein Kardiologe sollte ihn zuerst untersuchen ...«

»Nicht doch, sehen Sie den Petrow-Reflex? Hier ist zweifellos ein Neurologe gefragt ...«

Dann sehen die gewichtigen Herren einen jungen Zahnarzt in der Tür lauern und befehlen ihm, den ersten Zugriff zu wagen.

Man heißt ihn, das Gebiss des Patienten zu entfernen, um die Atemwege freizulegen, doch zittern seine Hände so stark, dass ihm die falschen Zähne auf den Boden fallen. Dann tritt er aus Versehen auch noch darauf, weshalb rosige und weiße Zahn- und Kiefersplitter über die Fliesen spritzen.

Professor Luwetskij meldet sich zu Wort. Er sagt, sie müssen dem Patienten das Hemd ausziehen und seinen Blutdruck messen. Mit einer Schere schneidet man die Kleidung auf.

Der Puls schlägt 78-mal in der Minute, ist aber schwach, der Blutdruck wird mit 190 zu 110 gemessen. Die rechte Seite scheint gelähmt. Man einigt sich darauf, dass er einen schweren Schlaganfall hat, ausgelöst von einer Blutung in der linken Hirnhälfte.

Man verabreicht ihm eine zehnprozentige Lösung Magnesiumsulfat, injiziert Kampfer und setzt an jedem Ohr vier Blutegel an.

Eine Stunde später legt man ihm einen Kaolinwickel um den Hals und erhöht die Anzahl der Blutegel auf jeweils sechs, was aber immer noch nicht genügt, den Großen Mann wieder auf die Beine zu bringen.

Bruhah und Malarkow lassen verlautbaren, dass jegliches medizinische Vorgehen ihrer Erlaubnis bedarf.

Die Ärzte erklären, der Generalsekretär liege infolge eines massiven Schlaganfalls im Sterben; es sei bloß noch eine Frage von Tagen, nicht von Wochen.

★

Man lässt mich nicht in seine Nähe. Ich beobachte das Geschehen vom Flur her, aus der Distanz, sage mir aber unwillkürlich, dass die Dinge einen merkwürdigen Verlauf nehmen.

Der Wodsch ist ernstlich krank, trotzdem liegt er einen ganzen Tag lang einfach da, ehe medizinische Behandlung angefordert wird.

Bruhah hat es übernommen, jedermann seine Aufgaben zuzuteilen – darunter auch Kruschka, Bulgirow und Malarkow.

Isakow, der zu den Wachposten der Datscha gehört, wird zu Bruhahs Schatten, seinem Vertrauten, trottet ihm überall hinterher, nimmt Befehle entgegen und kommandiert seine ehemaligen Kollegen herum, als sei er plötzlich befördert worden.

Während die Ärzte um das Leben des Generalsekretärs ringen, sichtet Bruhah mit zwei Assistenten das Büro des Wodsch, prüft jedes einzelne Blatt Papier. Zerschreddert einige, anderes wird abgeheftet. Man kann spüren, dass er nach etwas ganz Bestimmtem sucht.

Dabei muss ich an den letzten Brief des Wodsch denken, an jenen, den er sein *Testament* genannt hat. Und wieder frage ich mich, wo ich ihn gelassen haben könnte, denn jetzt wäre der richtige Augenblick, das Schreiben vorzulegen. Ich will es ja niemandem vorenthalten, nur mag ich auch nicht zugeben, dass ich es verloren habe.

Bruhahs Chauffeur sammelt die Kisten mit Papieren ein und holt in stündlichen Abständen die nächste Ladung.

Zwischendurch bestellt Bruhah die Wachen zu sich und weist ihnen neue Aufgaben zu, versetzt sie an ferne Orte, weit fort von der Hauptstadt. Als ob sie hier nicht länger gebraucht würden.

Lakoba bittet, in der Nähe der Datscha, nahe seiner Familie, bleiben zu dürfen, da seine Frau ein Kind erwartet. Bruhah lässt ihm die Wahl zwischen hier – wobei er auf den Boden stampft – oder seiner Versetzung nach Minsk. Also entscheidet sich Lakoba ohne weitere Einwände für Minsk und gegen seine eigene Beerdigung.
Der Wodsch lebt noch und liegt auf dem Krankenbett, sein Haushalt aber wird bereits aufgelöst.
Man geht nicht davon aus, dass er es schafft.

Bruhah ist in heller Aufregung. Mal ganz überdreht angesichts der Krankheit des Wodsch, dann verängstigt beim leisesten Zucken einer möglichen Besserung.
Zeigt sich beim Stählernen Genossen auch nur das leiseste Anzeichen wiederkehrender Kraft – öffnet er die Augen, murmelt er in seinem Stumpfsinn, dreht er das Gesicht den Besuchern zu –, scharwenzelt Bruhah um ihn herum, kniet an seinem Bett, küsst ihm die Hand, schmeichelt dem Kranken – »Lieber Genosse Generalsekretär, versprechen Sie uns, dass Sie uns niemals verlassen …«
Doch kaum liegt der Wodsch wieder stumm da, fällt zurück ins Koma, mustert Bruhah ihn verächtlich und herrscht ihn herablassend an: »Jetzt entscheiden Sie sich, Koba. Was wollen Sie mit Ihrem Leben? Kommen Sie? Oder gehen Sie?«
Um sich die Zeit zu vertreiben, erzählt er ihm Witze:

»Bei einem internationalen Sportwettkampf unterhält sich ein sowjetrussischer Läufer mit seinen Konkurrenten – einem Amerikaner, einem Rumänen, einem Deutschen und einem Schweizer.

›Entschuldigen Sie‹, sagt der Schweizer, ›wie lautet Ihre Meinung zur vorherrschenden Fleischknappheit?‹
Alle runzeln die Stirn und schütteln verwirrt den Kopf, denn keiner versteht die Frage.
Der Amerikaner sagt: ›Was heißt ‚Knappheit‘?‹
Der Deutsche: ›Was heißt ‚Entschuldigen Sie‘?‹
Der Rumäne: ›Was heißt ‚Fleisch‘?‹
Und der Russe: ›Was heißt ‚Meinung‘?‹«

»Und hier kommt noch einer, Koba.« Bruhah tippt dem Genossen auf die Schulter. »Ein Witz über …

Früh am Morgen kommt der Stählerne Genosse ins Büro und öffnet das Fenster. Er sieht die Sonne und sagt: ›Guten Morgen, liebe Sonne!‹
Die Sonne erwidert: ›Guten Morgen, lieber Josef!‹
Der Genosse arbeitet, am Mittag aber steht er auf und wünscht der Sonne einen schönen Nachmittag.
Die Sonne erwidert: ›Dir auch einen schönen Nachmittag, lieber Josef!‹
Am Abend macht der Generalsekretär Schluss, geht erneut zum Fenster und sagt: ›Noch einen schönen Abend, liebe Sonne!‹

Aber die Sonne bleibt stumm, also wiederholt
sich der Stählerne Genosse: ›Noch einen schönen
Abend, liebe Sonne! Was ist nur los mit dir?‹
Und die Sonne antwortet: ›Du kannst mir den
Buckel runterrutschen, du Zwerg. Ich bin jetzt im
Westen.‹

Wie finden Sie den, Koba?« Bruhah stupst dem komatösen Generalsekretär an die Brust. »Erzählen sich die Leute auf den Straßen. Ist doch ein guter Witz, nicht?«

Aber die Dinge nehmen einen noch weit seltsameren Lauf. Jubiow, der Minister für Staatssicherheit, hat Initiative gezeigt.
Ohne sich mit Bruhah oder Kruschka abzusprechen, hat er die besten Ärzte des Landes gesucht – jene, die den Mann aus Stahl früher schon behandelt haben. Er spürt sie in den Zellen des Freiheit-und-Frieden-Gefängnisses auf und findet heraus, dass sein eigenes Ministerium sie dort festhält. Sie werden verhört, man droht, man foltert, auf dass sie die Verschwörung gestehen – eine Verschwörung zur Ermordung der führenden Köpfe des Staates.
Jubiow hat sie freigelassen, da er sie nun plötzlich für die Behandlung des Generalsekretärs braucht.
Man hat sie gewaschen, frisiert, bandagiert, gefüttert, eingekleidet und ihnen Mut zugesprochen, aber sie bieten einen kläglichen, entmutigenden Anblick. Man spürt geradezu, dass sie mit dem Herzen nicht bei der Aufgabe

sind, ihren Peiniger zu retten, dass ihre Fähigkeiten eingeschränkt sind.

Wenn man sie sieht, läuft es einem eiskalt den Rücken runter. Sie haben gelitten, weil sie von Beruf Arzt sind. Sie haben den Wodsch behandelt. Genau wie Papa.

Der führende Neurologe unseres Landes verlor sämtliche Vorderzähne, oben wie unten. Die Brillengläser haben Risse, trüben seinen Blick. Außerdem hat er so einen nervösen Gesichtstic, wie er ihn früher bei anderen behandelt hat. Und wie eine verängstigte Maus quiekt er alle paar Sekunden leise vor sich hin.

Die linke Hand des Professors für Herzchirurgie ist schwarz und sieht wie ein Paddel aus, da ihm alle Finger mit einem Hammer breitgeschlagen wurden. Ein Auge ist vollständig geschlossen und so purpurrot angeschwollen wie eine dicke reife Pflaume, was aussieht, als wolle er einem mit diesem Monstrum verspielt zuzwinkern. Beide Arme zucken unkontrolliert, und er kann sich kaum auf den Beinen halten.

Dem Hals-, Nasen-, Ohrenspezialisten wurde noch schlimmer mitgespielt als seinen beiden Kollegen. Als man ihn hereinbringt, liegt er auf einer Krankentrage und ist vom Hals bis zu den Schenkeln mit weißem Mull umwickelt; auf dem schwarzroten Gesicht klebt eine Sauerstoffmaske. Er selbst kann zwar keinen Patienten untersuchen, aber man hat sich gedacht, er könne im Liegen vielleicht zum allgemeinen Gespräch beitragen und in seinen wacheren Momenten einige nützliche Kommentare abgeben.

So gut sie können untersuchen sie den Patienten, wirken

aber durchaus nicht optimistisch, als Bruhah sie schließlich zur Rede stellt.

»Wer von euch«, herrscht er sie an, »kann für das Leben des Stählernen garantieren?«

»Es ist zu spät«, sagt der Kardiologe. »Er liegt im Sterben. Eine massive Hirnblutung ist zu lange unbehandelt geblieben. Retten kann man ihn nicht mehr, aber ...«

»Aber was?«, faucht Bruhah ihn an.

»Er spuckt Blut.«

»Und?«

»Weil er an einer ernsten Magenblutung leidet.«

»Soll heißen?«

»Der Schlaganfall war offensichtlich nicht die Primärursache, da irgendwas anderes die Blutungen verursacht hat – die im Magen und die im Hirn.«

»Ich höre.«

»Alles deutet auf Vergiftung hin.«

»Auf *Gift*?«

»Vermutlich ein Blutverdünnungsmittel ... Warfarin zum Beispiel ...«

»Sie müssen sich irren«, sagt Bruhah und funkelt ihn an.

»Und jetzt ertrinkt er langsam.«

»Er ertrinkt?«, fragt Bruhah.

»Im eigenen Blut, das sich in den Lungen sammelt.«

Allem Anschein nach ist dieses Ertrinken im eigenen Blut eine ziemlich langsame und unangenehme Art zu sterben. Von der Tür her sehe ich, wie der Stählerne grässliche Grimassen schneidet und dabei wimmert und vor sich hin murmelt.

Hin und wieder scheint er das Bewusstsein kurz wiederzuerlangen, und dann mustert er die um ihn herum mit bösen, drohenden Blicken.

Einmal hebt er die Hand und hält einen Finger hoch, aber wir wissen nicht, warum. Sollte es eine profunde Geste sein, deutet er vielleicht zum Himmel hinauf? Die irdische Betrachtungsweise aber sagt, er zeigt uns allen den Finger.

Am nächsten Morgen ducke ich mich unter dem ausgestreckten Arm eines Wachpostens hindurch und gelange so ins Behandlungszimmer. Ich habe beschlossen, mir alles von Nahem anzusehen.

Da käme kein Mensch drauf.

Es ist unglaublich, aber wahr.

Ehrlich, ich schwöre.

Der Patient, der Mann auf der Krankentrage, ist nicht der Mann aus Stahl.

Das sollte jeder erkennen können.

Er ist jünger und mindestens sieben Zentimeter größer. Hat andere, fleischigere Ohren. Und die Narben im Gesicht sind tiefer. Die schwimmhautfreien Füße mit ihren unzusammengewachsenen Zehen reichen bis an den Stahlstreben am Ende der Trage.

Ich kann den Patienten deutlich im Profil sehen.

Und dann breche ich in Tränen aus.

Denn ich erkenne die Gesichtszüge meines guten Freundes Felix. Der arme, liebe Felix. Zauberer, Possenreißer, Finder von Eiern in fremden Ohren.

Sein Gesicht ist erstarrt und seltsam gerötet.

»Er hat es bald geschafft«, höre ich eine Krankenschwester flüstern.

»Er sieht so anders aus …«, sagt am Fuß der Trage die rotäugige, schniefende Dame mit verquollenem Gesicht und zerzaustem Haar, die sich die Tränen mit behandschuhtem Handrücken über die gepuderte Wange schmiert. »So fremd. Kaum wiederzuerkennen. Wie ein anderer Mann. Älter, aber auch jünger … Und wenn er mich ansieht, scheint er gar nicht zu wissen, wer ich bin …«

Uns ist bekannt, dass dies Nadeschda ist, die Tochter des Wodsch, ans Bett ihres Papas gerufen, damit sie sich von ihm verabschieden kann, ehe es zu spät ist.

Der zapplige Mann mit dem glasigen Blick an ihrer Seite ist Viktor, der Sohn des Wodsch. Er taumelt, schwankt vor und zurück und lallt undeutlich vor sich hin: »Ihr habt ihn umgebracht, ihr Schweine … Ihr beschissenen, verfickten, mörderischen Schweine …«

Alle kennen Viktor. Er ist ein Mann düsterer Stimmungen und besoffen wie immer – sogar am Totenbett seines Vaters.

Er hat Angst, sein Vater könnte ihn wegen seiner Arbeit als Luftwaffenkommandant des hauptstädtischen Militärbezirks zur Rede stellen. Er fürchtet unangenehme Fragen und kommt folglich gewappnet mit Aktenordnern voller Dokumente, Zahlen und Wetterkarten.

Ich werde die Kinder dieses Großen Mannes nicht damit beunruhigen, dass ich ihnen sage, was sie selbst erkennen sollten. Nur muss es ihnen gesagt werden. Die Welt muss es wissen. Die Wahrheit muss raus. Hier läuft etwas schrecklich falsch.

★

Dann macht der Kranke seinen letzten, rasselnden Atemzug; er nimmt die letzte Kurve – wird zum toten Mann. Und jemand sagt:

»Er ist von uns gegangen.«

Wehklagen werden laut, übertönt von Gestöhn, Gewimmer, Geschluchze und Gemurmel.

Die Versammelten beklagen das Dahinscheiden des Stählernen.

Ich aber, ich weine um einen besseren Menschen. Ich weine um Felix.

Einem ungeschriebenen Gesetz gehorchend formt sich eine Reihe hinter Sohn und Tochter, und man wartet geduldig, bis man den Toten küssen kann. Manche küssen ihn auf die Wange, manche auf die Stirn, manche küssen seine Hand.

Bruhah drängt sich vor die anderen Mächtigen, will Erster unter Gleichen sein.

Ich wende mich von der Tür ab und gehe zu Kruschka, der neben Malarkow steht, um ihm ins Ohr zu flüstern.

»Onkel Nikita«, sage ich. »Nur keine Sorge. Das ist ein schreckliches Versehen. Der Mann auf der Trage ist nicht der Wodsch.«

»Pssst«, flüstert er zurück, runzelt die Stirn und sieht mich erschrocken an.

»Das ist ein Doppelgänger.«

»Ein Doppelgänger?«

»Mein Freund Felix Oussopow, ein Zauberer … und ein Clown … aus Jekaterinburg. Der Mann aus Stahl ist das jedenfalls nicht …«

»Aber wie kann das sein?«, fragt Kruschka. »Und woher *weißt* du das?«

Ich liste die Beweise auf – die nicht zusammengewachsenen Zehen, die Körperlänge, die Form der Ohren, die Narben im Gesicht.

Er nickt. Er tätschelt meinen Kopf. »Armes Kind«, stellt er fest. »Was fangen wir nur mit dir an? Du siehst alles, aber du verstehst nichts.« Dann macht er einen Schritt zurück.

Und an Ort und Stelle endet unser Gespräch.

Ganz plötzlich.

Hinterher kann ich mich nur daran erinnern, dass in meinem Rücken irgendwas Heftiges passiert ist.

Es fühlt sich an, als falle das Gewicht des Urals auf meinen Kopf, ehe sich ein Elefant auf mein Gesicht setzt.

Dann verdüstert sich die Welt von Grau zu Schwarz.

14. Eine Botschaft von der anderen Seite

Ich wache woanders wieder auf.

Ich weiß nicht, wie viel Zeit vergangen ist. Ich liege auf gefliestem Boden, auf einer dünnen Lage feuchtem Stroh, und der Gestank von Ammoniak brennt mir in der Nase.

Mich plagt die Mutter aller Kopfschmerzen. Wo sich meine Zähne eingegraben haben, ist die Unterlippe aufgeplatzt, und mein Hosenlatz ist feucht. Ich fürchte, ich habe mich eingenässt.

Ich bin in einem Raum mit Ziegelwänden, geschätzte fünf mal vier Meter groß. Hoch oben in der Mauer ist ein einziges, vergittertes Fenster. Die Metalltür in ihrem gusseisernen Rahmen hat ein Guckloch mit Klappe. Ich fürchte, ich sitze in einer Zelle.

Licht gibt es nicht bis auf das, was an abnehmender Dämmerung durchs kleine Fenster dringt.

Es riecht nach Abwasser, ein Geruch, der überlagert wird von schwerem Fäulnisgestank.

In der hinteren Ecke sitzt jemand, ein Leidensgenosse hockt auf dem Boden, vornübergebeugt, Kopf auf den Knien, blickt nach unten, still, stumm, völlig apathisch.

»Hallo«, sage ich. »Ich heiße Juri.«

Er dreht sich nicht zu mir um, macht sich nicht mal die Mühe, mir zu antworten.

Ich gehöre nicht zu denen, die sich anderen mit ungewünschtem Geplauder aufdrängen. Will er nicht reden, ist das seine Sache. Also warte ich einige Minuten, ehe ich ihn noch einmal anspreche.

»Tut mir leid, Sie zu stören, Genosse«, sage ich, »aber können Sie mir verraten, wo wir hier sind?«

Er rührt sich nicht, bleibt entschieden reglos und stumm und bewegt sich keinen Millimeter. Die Brust hebt und senkt sich nicht; er hält den Kopf absolut still.

»Entschuldigen Sie die Frage«, fahre ich fort, »aber sind Sie vielleicht krank?«

Als ich einige Schritte auf ihn zugehe, wird der Fäulnisgeruch stärker, strenger, kitzelt in der Nase, kriecht mir mit eitrigen Fingern in die Nüstern, brennt in der Kehle. Der Gestank ist überwältigend.

Vom schwarzen, klebrigen Rinnsal an seinem Ohr brummen Fliegen auf. Das Gesicht ist grau, die Wangen sind so eingefallen, als wäre der Mann halb verhungert.

Die rechte Hand sieht merkwürdig verformt aus, fast wie ein Holzpaddel. Dann sehe ich, dass er seine Finger verloren hat; nur noch schwarz angelaufene Stummel mit elfenbeinernen Knochenknöpfen säumen den Handballen. Der Mund ist weit aufgerissen, verzerrt zu einem scheußlichen, zögerlichen Halblächeln, das einen breiig schwarzen Gaumen entblößt und zersplitterte weiße Zähne.

Die Augen sind geschlossen, aber ich ahne, dass sich drinnen etwas Kleines, Schlängeliges bewegt, etwas, das die Lider zucken lässt, bestimmt ein Wurm oder eine Made.

Als ich die Hand ausstrecke, um seine Schulter zu berühren, wehrt er mich nicht ab. Er fühlt sich seltsam klapprig an. Hohl. Die Haut wie Pergament und sein Körper leicht wie Treibholz.

Er kippt um, die Glieder aber bleiben steif, weshalb er an eine auf der Seite liegende Puppe erinnert, die Arme ausgestreckt, die Beine im rechten Winkel zum Körper.

Ich sehe, in welcher Verfassung mein Gefährte ist. Halb verhungert, stumm und still, weil er tot ist, und – dem Geruch zufolge – ist er schon vor einer ganzen Weile gestorben.

Es liegt nur wenig Stroh auf dem Boden, doch sammle ich, was ich zusammenraffen kann und decke damit den Mann zu. Ein Haufen dreckiges Stroh ist ein angenehmerer Anblick als eine Leiche, und ein besseres Begräbnis kann ich ihm unter diesen Umständen nicht bieten.

Am zweiten Tag höre ich ein *Geräusch*.
Klick ... klick ... klick ... klick ... klick ... klick ... klick ...
Ein endloses, metallisches Klicken wie ein fernes Klopfen, leise, aber anhaltend, immer wiederkehrend. Es kommt von einem Leitungsrohr unten neben der Tür.

Um mir die Zeit zu vertreiben, lausche ich diesem Geräusch. Eine andere Unterhaltung gibt es nicht. Nach einer Weile fange ich an zu zählen.

Es klickt dreiunddreißigmal in gleichen Abständen. Darauf folgt eine mehrere Minuten währende Pause. Dann erneut dreiunddreißig Klicks. Pause. Und wieder klickt es dreiunddreißigmal.

Das verrät mir, dass ein intelligentes Wesen diese Geräusche macht, dass jemand versucht, mit mir zu kommunizieren, dass keine Maschine dahintersteckt, auch kein Zufall.

Nur, warum dreiunddreißig?

Ich weiß, ich muss das Problem wissenschaftlich angehen, wie ein Professor, so wie mein Papa es machen würde. Ich mache mich ans Werk. Es ist gut, eine Aufgabe zu haben, die den Geist beschäftigt. So verhindert man, dass man sich mies fühlt oder schlecht behandelt.

Was also ist an dreiunddreißig so besonders?

Nun, wie allgemein bekannt, ist 33 die Ordnungszahl von Arsen im Periodensystem der Elemente.

Natürlich ist 33 auch die Summe der ersten vier positiven faktoriellen Zahlen.

Jedermann weiß, dass es im menschlichen Rückgrat 33 Wirbel bis zum Steißbein gibt.

Und es versteht sich von selbst, dass 33 der Siedegrad von Wasser ist, zumindest nach der Newton-Skala.

Laut Oma Anja war Jesus Christus 33 Jahre alt, als er 33 n. Chr. gekreuzigt wurde.

Zudem enthält das kyrillische Alphabet 33 Buchstaben.

Und die neuen Grammofonplatten werden mit 33 Umdrehungen pro Minute abgespielt.

Ich denke ein wenig nach und antworte dann, klopfe mit einer Fünfkopekenmünze, die ich in meiner Tasche gefunden habe, ans eiserne Leitungsrohr.

Ich klopfe dreiunddreißigmal, und sofort kommt von der anderen Seite dieselbe Zahl zurück.

Jetzt sind wir also im Gespräch, und ich weiß, ich muss nun etwas anderes, aber was Passendes sagen.

Ich entscheide mich hierfür: dreimal Klopfen, Pause, einmal, Pause, viermal, Pause, zweimal.

Denn wie jedes Schulkind weiß, entspricht 3,142 auf drei Dezimalstellen genau *Pi*, also jener Zahl, die das Verhältnis des Umfangs eines Kreises zu seinem Durchmesser definiert.

Innerhalb einer Minute erhalte ich Antwort.

Einmal, Pause, sechsmal, Pause, einmal, Pause, achtmal.

Und jetzt weiß ich, dass wir dieselbe Sprache sprechen, denn wer immer da klopft, hat mir die Zahl *Phi* geschickt, 1,618, Bruder von *Pi*, jene Zahl, die den Goldenen Schnitt angibt.

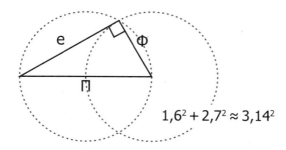

Und das ist, wie jedem Geometrieschüler bekannt sein dürfte, reiner Pythagoras.

Nur um auf Nummer sicher zu gehen, schicke ich noch einen Test und klopfe 1 – 4 – 9 – 16, die Quadratwurzeln der Zahlen von eins bis vier.

Und wie erhofft kommt als Antwort fünfundzwanzig –
die nächste Zahl in der Reihe.

Wie wohl jeder Junge begeistere ich mich für Zahlen und
tausche mich auch gern mit anderen aus, nur gibt es so
vieles, was sich nicht mit Ordnungszahlen und Kardinal-
zahlen ausdrücken lässt, weshalb man zum Beispiel bei
Gefühlen mit Worten besser bedient ist.

Da wir nun in der Stimmung für ein Schwätzchen sind,
suchen wir nach einem Code, der uns das Reden ermög-
licht.

Der Klopfer klopft dreiunddreißig. Dann erneut dreiunddreißig. Also bin ich so tollkühn, einfach mal zu erraten,
was er mir sagen mochte: Er bittet mich, das Alphabet zu
benutzen.

Der Gedanke liegt nahe, und bald reden wir.

Ordnet man jedem Buchstaben im Alphabet eine Ziffer
zu, kann man ›Hallo‹ klopfen.

Prompt antworte ich: DIRAUCHHALLO

Ist nicht gerade originell, aber damit haben wir den
Sprung von Ziffern zu Worten geschafft, vom Geräusch
zur Bedeutung.

Er klopft zurück:

WERDEGEFANGENGEHALTENPUNKT

Ich antworte, dass ich glaube, ebenfalls Gefangener zu
sein, da ich hier von mir unbekannten Personen gegen
meinen Willen festgehalten werde. Außerdem war ich bewusstlos, als man mich in diese Zelle warf.

Er schreibt:

ICHBINALLEIN

Und ich antworte:

ICHHABEEINENZELLENKUMPELABERDER-
ISTTOTUNDRIECHTZIEMLICHSTRENGWOFÜR-
ERABERNICHTSKANN

Ich erwähne nicht, dass was unter seiner Haut, in den Augen und unter den Lidern herumkrabbelt, dass die Tierchen durch Nase und Ohren kommen und gehen, als wären es Treppen, Tunnel oder Türen.

Er fragt mich, welches Verbrechen ich begangen habe.

Also antworte ich:

MEINEUNSCHULDHATMICHSCHULDIGGE-
MACHT

Ich klopfe, dass es mein Fehler gewesen ist, zur falschen Zeit am falschen Ort gewesen zu sein und Dinge gesehen zu haben, die ich nicht hätte sehen sollen.

Er erwidert:

MICHHATMEINWISSENZUMSCHULDIGENGE-
MACHT

Er meint, sein Verbrechen sei meinem ähnlich, auch er wisse Dinge, die er nicht wissen sollte, und habe Dinge gesehen, die er nicht hätte sehen sollen, Dinge, bei denen es um wichtige Leute geht.

Er sagt, es tue gut, sich nach so langer, langer Stille mit einer verwandten Seele unterhalten zu können.

Ich sag, all diese Klopferei sei doch ziemlich umständlich und frag, ob es keine schnellere Methode gebe, sich das zu sagen, was man sagen will.

Er antwortet, er habe gehört, im Gulag benutze man einen simpleren Code.

Und der gehe folgendermaßen:

Man forme ein Quadrat aus den dreißig Hauptbuchstaben, sechs Lettern nebeneinander, fünf Reihen untereinander:

А	Б	В	Г	Д	Е/Ё
Ж	З	И	К	Л	М
Н	О	П	Р	С	Т
У	Ф	Х	Ц	Ч	Ш
Щ	Ъ	Ы	Э	Ю	Я

Dann ordne man jedem Buchstaben ein Klopfzeichen zu. Die erste Zahl gibt die Reihe an, die zweite die Position innerhalb der Reihe.

Ganz leicht, wenn man es erst einmal weiß.

1.1	1.2	1.3	1.4	1.5	1.6
2.1	2.2	2.3	2.4	2.5	2.6
3.1	3.2	3.3	3.4	3.5	3.6
4.1	4.2	4.3	4.4	4.5	4.6
5.1	5.2	5.3	5.4	5.5	5.6

Man braucht dafür nicht lang.
Lernt man in null Komma nichts.
Mal von dem ein oder anderen Verklopfer abgesehen.
Und so schwatzen wir bald drauflos, als würden wir uns schon ein Leben lang kennen.
Wir nennen es das *Bürgertelefon*. Und ihn nenne ich *Klopfe-di-klopf-klopf* oder *Den-Hungrigen-auf-der-anderen-Seite*.
Er sagt, man lasse ihn jetzt schon seit acht Tage hier drinnen verrotten, ohne was zu essen oder zu trinken.

Ich frage ihn nach seinem Namen.

Er antwortet:

ICHBINGENOSSENIEMANDUNDFÜRMICHBISTDU-
AUCHGENOSSENIEMAND

Denn Namen sind Wissen, das sie aus uns herausprügeln können. Wenn wir die Namen nicht kennen, können wir sie nicht sagen, und so können wir uns gegenseitig nicht verraten.

Er sagt, insgesamt halte man ihn jetzt schon seit zwei Wochen gefangen. Er wurde fürchterlich verprügelt, und man hat ihm ein paar Fingernägel abgezogen, das Gebiss rausgeschlagen. Er glaubt, von den Schlägen auf einem Ohr taub zu sein, aber er konnte ihnen nichts sagen. Er weiß nichts.

Ich beklage mich nicht. Natürlich ist es mir lieber, mit dem *Hungrigen-auf-der-anderen-Seite* reden zu können, als niemanden zu haben. Er ist ein wohlmeinender Mensch. Ein freundlicher Mensch. Er ist Gesellschaft. Und er meint es gut. Er gibt mir auf vielen Gebieten nützliche Ratschläge und kennt sich mit vielen Dingen aus. Nur klingt, was er sagt, immer ein bisschen trübsinnig. Er hat wohl keine lustige Ader, kein sonniges Gemüt. Und was die künftige Entwicklung der Dinge angeht, ist er auch nicht gerade ein Optimist.

Er zieht die düstere Seite des Lebens vor und denkt oft an das Schlimmste, das geschehen könnte.

Natürlich ist er durstig. Er vertraut mir an, dass ein

Mensch besser daran tut, den eigenen Urin als gar nichts zu trinken.

Und wenn nichts Besseres zu haben ist, klärt er mich auf, seien Insekten ein reichhaltiger Quell von Proteinen. Am besten zerkaue man sie rasch und schlucke sie noch schneller runter, da so die Nahrungsaufnahme maximiert, der unangenehme Nachgeschmack aber minimiert werde und man zugleich verhindere, dass die kleinen Viecher im eigenen Gedärm rumkrabbeln, was bestimmt für keinen der Betroffenen sonderlich angenehm sei.

Jedenfalls, versichert er mir, könne ein gesunder Mensch lange Zeit ohne allzu viel Nahrung auskommen, solange er nur genügend Flüssigkeit aufnehme.

Er sagt, ich müsse meine Einstellung zu Insekten und Nagetieren ändern, müsse aufhören, sie für Ungeziefer zu halten, und solle sie stattdessen lieber als Nahrungslieferanten schätzen. Zu meiner Überraschung listet er fünf gute Verwendungsmöglichkeiten für eine tote Maus auf, auf die ich von allein nie gekommen wäre.

1. Nahrung
2. Flüssigkeit
3. Rippen eigenen sich als Nadeln
4. Kieferknochen und Zähne als Messer
5. Schwanz als Schnur

Er sagt, wenn sich meine Wunden vom Verhör infizieren, solle ich zur Säuberung Maden ansetzen, denn die knabbern das entzündete Fleisch ab.

Er meint, wenn man mir wehtue, solle ich den Peinigern

meinen Namen sagen und betonen, dass ich genau wie sie bin. Das ist zwar keine perfekte Verteidigungsstrategie, aber es hilft, sie daran zu erinnern, dass sie es mit einem menschlichen Wesen und nicht mit Abfall zu tun haben.
»Ja?«, antworte ich. »Kennst du irgendwelche Witze?«
»Keine neuen«, klopft er.
Also erzähle ich ihm einen, den ich von Genosse Kruschka persönlich gehört habe:

Drei Arbeiter wurden in eine Gefängniszelle gesperrt und fragen sich nun gegenseitig, warum man sie verhaftet hat. Der erste Mann antwortet: »Ich bin immer zehn Minuten zu spät zur Arbeit gekommen, also wurde ich wegen Sabotage verklagt.« Der zweite Mann antwortet: »Ich bin immer zehn Minuten zu früh zur Arbeit gekommen, also wurde ich der Spionage angeklagt.« Und der dritte Mann antwortet: »Ich bin immer pünktlich gekommen, also wirft man mir vor, eine aus dem Westen geschmuggelte Uhr zu besitzen.«

»Ha«, klopft der *Hungrige-auf-der-anderen-Seite,* »ha, ha«, aber ich spüre, dass der Witz nicht so richtig bei ihm angekommen ist.

15. Der Palast der Wunder

Ich wusste, man hat mich nicht vergessen. Und ich wusste, irgendwer würde irgendwann zu mir kommen, allerdings dauert es noch zwei weitere Tage, ehe ich draußen Schritte höre, Schlüsselgerassel am Schloss, das Quietschen der Scharniere und dann die Metalltür, die über den Betonboden schrappt.

Ein Lichtkeil fällt durch den Spalt, und gleich darauf taucht Genosse Bruhah persönlich auf, steht vor mir wie ein Bühnenstar im Scheinwerferlicht und wirft einen Schatten, doppelt so groß wie er selbst.

Er schließt die Tür hinter sich und tritt ins Zellendunkel, schließt wieder ab und steckt den Schlüsselbund ein.

Er hat einen kleinen, viereckigen Lederkoffer dabei, der wie eine Arzttasche aussieht. In der anderen Hand hält er einen dieser Klappstühle aus Leinwand und Metallstreben, wie man sie zu einem Picknick oder zum Angeln mitnimmt.

»Wie geht es dir, Juri? Man hat mir gesagt, dass ich dich hier finde.«

»Ich bin hungrig«, antworte ich. »Haben Sie was zu essen mitgebracht?«

»Klar«, sagt er besorgt und nickt. »Ich kann mir vorstellen, dass du hungrig bist. Auch durstig?«

»Durstig auch«, gebe ich ihm hoffnungsvoll recht. »Haben Sie was zu trinken dabei?«

Wahrscheinlich stimmt es. Ich meine, dass der eigene Urin besser ist als nichts. Allerdings ziehe ich es vor, nicht vor diese Wahl gestellt zu werden. Für mich bleibt Pipi ein Geschmack, an den ich mich gewöhnen muss. Vom ersten Schluck wird mir immer schlecht.

»Den Genossen Jerkotka hast du bereits kennengelernt?« Mit einer Kopfbewegung deutet Bruhah auf den Toten unterm Strohhaufen. »Ihr hattet Zeit, euch miteinander bekannt zu machen?«

Ich schüttle den Kopf.

»Er ist ein bisschen unkooperativ, wollte meine Fragen nicht beantworten. Und ich fürchte, dir wird er auch nicht viel sagen. Aber wir sind es gewöhnt, ihn um uns zu haben, und wir lassen ihn in der Zelle als Mahnung für andere, die hier vorbeischauen. Seine Stille soll sie erinnern: ›Reden ist immer besser.‹

Wir leben in dramatischen Zeiten, Juri, Zeiten der Veränderung. Tragische Zeiten. Der Stählerne ist nächsten Montag gestorben ...«

»Nächsten Montag?«

»Oder einen Tag später, vielleicht auch zwei.«

»Gestorben? Woran?«

»Rost. Der Stählerne erlitt einen tödlichen Anfall von Rost. Ein fataler Fall von Oxydation ... In der nächsten Woche wird es das Radio bekannt geben. Die Nation wird schockiert sein. Die Menschen werden trauern. Ein schrecklicher Verlust fürs Vaterland. Wir werden jammern. Werden wehklagen, werden Mühe haben, unseren Kummer zu zügeln.«

»Aber er ist doch schon letzte Woche gestorben, oder?«

»Nein, er starb natürlich nächste Woche. Als der Große Führer, der er nun einmal war, hat er alles bedacht. Sogar das eigene Ende. Er wird den passenden Augenblick für sein Ableben wählen, wird uns Zeit geben, seine Nachfolger zu bestimmen.«

»Wislow?«, frage ich.

»Nein.« Bruhah runzelt die Stirn. »Warum um alles in der Welt denn Wislow?«

Ich zucke die Achseln. Meine große Klappe. Wieder zu weit aufgerissen.

»Morgen wird man mich zum Ersten Parteisekretär wählen. Malarkow wird Vorsitzender des Ministerrates. Es wird für uns eine große Überraschung sein, und wir halten es für ein Privileg, das Volk führen zu dürfen. Sein Vertrauen gewonnen zu haben, macht mich überglücklich.«

»Meinen Glückwunsch, dann sind Sie jetzt der Wodsch«, sage ich. »Kann ich was zu essen und zu trinken haben?«

»Siehst du, ich wäre ja schon früher gekommen, Juri, aber ich musste mich erst um diese Staatsangelegenheiten kümmern. Jetzt aber bin ich hier, um dir zu sagen, wie sehr du mich enttäuschst ...«

»Tu ich das?«

»Du verbringst Zeit mit dem Wodsch. Er vertraut sich dir an. Ich gewähre dir meinen Schutz, und du versprichst, mir zu sagen, was er dir sagt. Aber was hast du mir an Neuigkeiten gebracht?«

»Nichts?«

»Nichts«, bestätigt er.

»Kann ich ein bisschen Wasser haben?«

»Bald ...« Eine Geste verrät seine Ungeduld. »Du bekommst, was ich für richtig halte. Was du verdienst. Erst aber sag mir, was du mir zu sagen hast ...«

»Ich weiß nichts.«

»Sag mir das *eine* ...«, fordert er. »Diese *eine* Sache ...«

»Was für eine Sache?«

»Du weißt schon«, drängt er, »diese eine Sache, von der der Wodsch nicht wollte, dass ich je davon erfahre.«

»Ach das«, seufze ich, »aber das hat doch eigentlich nichts zu bedeuten ...«

Nämlich dass Bruhah wie ein Salamander seine eigenen Jungen frisst. Hat der Wodsch gesagt.

Aber er hat mich in der Hand. Also fühle ich mich gezwungen, wenigstens ein bisschen von dem auszuspucken, was der Wodsch mir anvertraut hat. Dass er gesagt hat, Bruhah sei ein mingrelischer Verschwörer. Dass in seiner Gegenwart keine Frau sicher sein kann. Dass er womöglich ein Kannibale ist, der seine Opfer frisst.

»Darf ich ehrlich sein?«

»Das wäre schön, Juri.«

»Das war sicher nicht beleidigend gemeint, ganz bestimmt nicht, aber der Wodsch hat Sie ein notwendiges Übel genannt und dass jede gute Sache auch dem Teufel von Nutzen sei. Er sagte, Motolow sei seine rechte Hand, Miokan seine linke, Klimow sein Herz, Bruhah aber sei sein Arschloch.«

»Ja?« Bruhah zieht die Augenbrauen hoch und nickt. »Siehst du, Juri, du weißt ja doch manch Wahres und Interessantes. Und ich glaube, du weißt noch viel mehr, als du mir sagst.«

Bruhah greift nach seinem Koffer. Mit einem harten, metallischen Klacken springen die Schlösser auf. Er nimmt ein Paar durchsichtiger Plastikgaloschen heraus und zieht sie sich über die blitzblanken Lederschuhe.

»Spritzer«, erklärt er, »Flecken, Dreck, Kleckse, Sauereien. Diese Schuhe, das sind echte Nubuk-Oxford-Schnürhalbschuhe von Lazarus Brothers in New York.«

Dann greift er erneut in den Koffer und holt ein gefaltetes braunes, gummiertes Stück Stoff heraus, eine Schlachterschürze, wie sich gleich darauf zeigt, mit Schnüren für Hüfte und Hals, eine Schürze von der Brust bis zu den Knien.

Er bereitet sich auf irgendwas vor, irgendwas Schmutziges allem Anschein nach, auch wenn ich mir ums Verrecken nicht vorstellen kann, was das sein könnte.

»Ist ein ziemlich teurer Anzug«, erklärt er. »Reines Rayon. Einreihig. Vier Knöpfe. Hugo Boss. Erst schneidern sie Uniformen fürs Dritte Reich, jetzt machen sie Anzüge für den sozialistischen Genossen. Dezent. Derselbe Qualitätsstoff, derselbe fesche Schnitt, derselbe elegante Stil.«

Er dreht den Koffer zu mir, sodass ich einen Blick auf den Inhalt werfen kann, ein Satz Zimmermannswerkzeug – Säge, Hammer, Bohrer, Schraubenzieher, Metallschere und so weiter –, dazu noch einige mattierte Metallinstrumente mit scharfen Kanten, die aussehen, als wäre sie von einem Chirurgen ausgeliehen worden. Vielleicht hat auch ein Zahnarzt manches dazugegeben, um die Sammlung zu vervollständigen, zangenähnliche Greifer zum Herausziehen von irgendwas. Alles ist jedenfalls ordentlich aufgereiht, jedes Werkzeug genau an seinem Platz, in seiner Tasche oder Ablage.

Bruhah stellt den Klappstuhl auf und klopft auf den gestreiften Leinwandsitz.

»Juri«, sagt er, »tu mir den Gefallen und setz dich her, hock da nicht schlaff auf dem Boden wie eine von den Schnüren gekappte Marionette.«

Seine Freundlichkeit ist unwiderstehlich. Ich gehorche, setze mich auf den Stuhl und vertraue darauf, dass er mir etwas zu essen gibt – wenn ich mich nur gut benehme.

»Arme auf die Armlehnen«, befiehlt er, langt nach einer Rolle Klebeband und umwickelt meine Unterarme, bindet sie an die Metallstreben. Danach fesselt er auch meine Beine an den Stuhl.

»Willkommen«, sagt er, »in der Hölle. Wir nennen dies hier den *Palast der Wunder.*«

»Ach ja?«

»Weil sich die Leute hier an die wundersamsten Dinge erinnern. Wie aus dem Nichts. Oft erinnern sie sich sogar an Sachen, die sie überhaupt nie gewusst haben ...«

»Ehrlich?«

»Lass mich dir eine wahre Geschichte erzählen, Juri. Einmal merkte der Wodsch, dass er eine Bruyèrepfeife verloren hat, seine Lieblingspfeife, geklaut aus seinem Büro. Er befiehlt mir, den Dieb aufzuspüren und zu bestrafen.

Und stell dir vor: Zwei Stunden später findet er seine Pfeife. Sie hatte die ganze Zeit in seinem Mantel gesteckt. Glühte noch. Hat ein Loch in die Tasche gebrannt. Alles ist also wieder gut, weshalb ich ihm nie erzähle, dass die Stenotypistin und der Postsekretär bereits im Palast der

Wunder waren, ihr Vergehen gestanden und geschrien hatten, man möge sich erbarmen, ehe sie ihren letzten kläglichen Seufzer ausstießen und verschieden ...«

Mit seinen vorquellenden Augen, der umgebundenen Schürze, den Galoschen über den Schuhen, in der Hand einen kleinen Klauenhammer, sieht Bruhah wie ein eifriger Handwerker aus, der gekommen ist, um irgendein kaputtes Gerät zu reparieren.

»Wir suchen nach einem Brief«, sagt Bruhah. »Wir wissen, dass der Stählerne ihn geschrieben hat, aber wir können ihn nicht finden.«

»Ein Brief?«

»Ein letzter Brief vom Wodsch. An die Hinterbliebenen.«

»Ja?«

Er bückt sich, beugt die Knie, umrundet mich mit schlurfendem Schritt und mustert mich aufmerksam, als suche er die genaue Stelle, an der er anfangen will, so wie man sich mit einem Dosenöffner in der Hand einer Dose Heringe in Tomatensauce nähert.

»Weißt du, wovon ich rede?«

»Nein.«

»Weißt du, was ich jetzt tun werde?«

Ich schüttle den Kopf.

»Ich werde angeln. So wie wir das in Georgien machen. Weiß du, wie wir da vorgehen?«

»Nein.«

»Das ist kein normales Angeln, kein sportlicher Wettkampf zwischen Mensch und Fisch. Nein, wir nennen es *progressives Angeln*. Wir werfen Dynamit ins Wasser. Es gibt dann einen Knall, ein lautes Zischen, gefolgt von einer Wasserfontäne. Danach schwimmen alle Fische an der Oberfläche. Viele sind schon ausgenommen und gekocht.«

»Ach ja?«

»Und nun will ich in deinem Teich angeln, Juri, will sehen, was für fischiges Zeug an die Oberfläche kommt. Dafür brauche ich allerdings ein bisschen Kraft, irgendwas mit Wumm ... ich könnte etwa mit diesem kleinen Hammer auf deinen kleinen Kopf einhämmern, bis jeder einzelne Knochen darin zertrümmert ist. Hast du eine Ahnung, wie sich das anfühlt?«

»Schmerzhaft?«, vermute ich. »Schrecklich?«

»Oder ich könnte einen deiner Finger mit dieser ...« Er nimmt die Schere, hält sie mir unter die Nase. »Verstehst du, worauf ich hinauswill?«

Bekümmert schüttle ich den Kopf. Ich habe dies Werkzeug schon einmal gesehen. Mit solchen Scheren schneidet man Metall. Die scharfen Klingen sind ausgekehlt wie gezackte Messer.

»Das gibt uns einen Zeitplan, einen ungefähren Ablauf und lässt uns beiden jede Menge Zeit. Außerdem bedeutet es, dass du zehn gute Gelegenheiten bekommst, Juri, zehn Chancen, mir die richtige, hilfreiche Antwort zu geben. Ehe ich mit deinen Fingern fertig bin und mit den Zehen weitermache. Und weißt du, warum ich mit den Fingern anfange?«

»Nein.«

»Die Hände sind sehr empfindlich, vor allem die Finger, Juri. Wenn ich dir an die Nerven will, eignen sich Finger hervorragend, um damit anzufangen. So wirst du ein vertrauensseliger Freund der Schmerzen. Und die werden dir alle Geheimnisse verraten«, sagt Bruhah, »woraufhin du mir alles erzählst, was ich wissen will.

Jetzt wird es also Zeit zu gestehen. Um Verdruss zu vermeiden. Unannehmlichkeiten. Und dies, wenn möglich, jetzt gleich. Das wäre für alle am besten.«

»Verzeiht die kindliche Ansicht eines hirngeschädigten Einfaltspinsels ...«, wage ich mich vor. »Das soll jetzt nicht respektlos klingen, tut mir wirklich leid, aber ich bin ein besonderer Fall. Ganz ehrlich. Wegen meiner Nerven und meines Hirnzustandes. Ich leide an einer seltenen neurologischen Verfassung. Bei mir sind die Nerven irgendwie eigenartig verdrahtet, anders als bei anderen Menschen. Seit dem Unfall, also seit mir eine Straßenbahn über den Kopf gefahren ist und das Gehirn zerquetscht hat. Angst funktioniert bei mir nicht. Jedenfalls nicht auf die normale Art. Und Schmerz bewirkt auch ...«

»Nein, Schmerz wirkt immer«, erwidert Bruhah, »vor dem Schmerz gibt es kein Entrinnen. Er ist ein harter Lehrmeister und lässt nicht zu, dass irgendwer den Unterricht schwänzt.«

»Bei mir ist das aber so«, sage ich. Ich muss ihn unbedingt überzeugen. »Nach mir ist eine Fallstudie benannt. Ich bin ziemlich bekannt. Über mich ist viel geschrieben worden. Im *Handbuch für fortgeschrittene traumatische Neurologie* von Doktor Lurija bin ich der ›Junge Z‹. Studenten müssen Examensfragen über mich beantworten. Ich bin ein kranker Junge mit einem beschädigten Verstand ... Meine Temporallappen sind völlig verkorkst ... Wurden verrührt wie Rührei«, erkläre ich, »als mir was Hartes, Schnelles über den Kopf gebrettert wurde. Und wenn mir seither jemand wehtun will, löst meine linke Hirnsphäre einen Anfall aus. All die Quälgeister in der Schule haben versucht, mir wehzutun, aber sie sind nie über den Anfang rausgekommen ...«

Was stimmt. Jeder starke Impuls kann das auslösen, insbesondere aber Schmerz. In der linken Hirnhälfte ist das Gewebe vernarbt, was eine Verstärkung der elektrischen Impulse bewirkt, die dann auch noch vervielfacht werden. Man nennt das eine Rückkoppelungsschleife oder auch eine Rauschstörung, die anschließend auf die andere Hirnhälfte übergreift. Das Ergebnis ist ein elektrisches Unwetter. Und gleich darauf bricht überall im Kopf dieses Jungen die Hölle los.

Im selben Moment spüre ich, wie es beginnt, ein Übelkeit erregender Wirbel, gleich darauf der Gestank nach fauligem Fisch, das Pulsieren eines brennend orangeroten Lichts. Es fühlt sich an, als würde mein Kopf aus dem Innern mit einem Holzfäustel bearbeitet.

Ich werde also einen *grand mal* haben, einen epileptischen Anfall, und ich fürchte, da kommt ein ziemlicher Oschi auf mich zu.

Ich wende den Blick von Bruhah ab, der gerade die Schere an meinem Finger ansetzt.

Das Letzte, woran ich mich erinnere, ist ein unangenehmes Knirschen, ein Splittern, als der Knochen unter den Stahlschneiden nachgibt. Und dann schießt weiß glühendes, geschmolzenes Metall durch den Finger in meinen Arm, zum Hals hoch und in den Schädel. Blitzlichtgewitter, anschließend Dunkelheit, durch die blaue gleißend helle Blitze zucken ...

Noch ehe ich ohnmächtig werde, höre ich den genervten Genossen Bruhah, dessen Stimme langsam verklingt, während er wie von weit, weit her klagt: »Wie soll ich dir vernünftig wehtun, du verschissene kleine Ratte, wenn du jedes Mal einen Anfall bekommst, sobald ich dich anfasse?«

★

Der Klopfer am Bürgertelefon auf der anderen Seite der Mauer ist mir nicht gerade gleichgültig geworden, aber unsere anfängliche Begeisterung hat deutlich nachgelassen. Tag um Tag scheinen wir uns weniger zu sagen zu haben, und was wir sagen, berührt uns nicht allzu tief und hebt auch nicht sonderlich unsere Gemüter.

Zu meiner Schande muss ich gestehen, dass ich ihn manchmal vergesse, denn nachdem ich mit ihm geredet habe, fühle ich mich oft trauriger und schlechter als vorher. Er sagt, er werde schwächer und brauche mehr Wasser, um nicht zu verdursten. Seit Tagen sei niemand mehr bei ihm gewesen. Er glaubt, sie wollen ihn in der Zelle verrotten lassen. Diese Schweine.

Er sagt, er brauche mehr Nahrung und Flüssigkeit, als ihm Insekten und der ein oder andere, zufällig vorbeischauende Nager bieten können.

Das eigene Wasser zu trinken hilft irgendwann auch nicht mehr weiter. Nach einer Weile wird man davon nur noch durstiger.

Mir fallen keine Witze mehr ein, die ich noch erzählen könnte, außerdem sind sie sowieso nur ein armseliger Ersatz für einen Menschen in solch erbärmlicher, verwahrloster Verfassung.

»Falls ich hier sterbe«, sagt er, »und du überlebst, richtest du meiner Familie dann eine Nachricht aus?«

»Natürlich, Genosse«, antworte ich, »aber wir wollen uns lieber gegenseitig versprechen, dass wir dies hier lebend durchstehen.«

»Bring die Nachricht meinem Sohn. Sag ihm, ich liebe ihn. Sag ihm, er soll weiter fleißig lernen. Und sag ihm, er soll seine Worte sorgfältig wählen und nicht einfach drauflosplappern ...«

»Mache ich. Ganz bestimmt.«

»Er heißt Juri ...«

»Na, was für ein Zufall«, antworte ich, »ich heiße nämlich auch Juri. Und das ist genau die Art vernünftiger, schulmeisterlicher Rat, den mir mein eigener Vater geben würde ...«

»Wo wohnst du?«, fragt er.

»In einer Personalwohnung«, sage ich, »im Zoo.«

»Juri?«, antwortet er. »Juri?«

»Papa«, schluchze ich, »Papa? Papa? ... Bist du's wirklich?«

»Mein Junge ... ach, mein Junge ...«

Reden? Wir können gar nicht mehr aufhören. Wir reden gleichzeitig, rufen, schreien, lachen, heulen. Wir schwatzen die ganze Nacht. Wir haben uns so viel zu sagen, müssen so viel nachholen.

Später, als wir müde sind und erschöpft, kommt es zu unbehaglichen Pausen. Er wird sentimental, sagt, jeder Mensch sterbe zwei Tode, den ersten, wenn das Herz stehen bleibt, und den zweiten, wenn die Leute aufhören, über einen zu reden, oder sich nicht mehr an das Leben des Verstorbenen, an seine Persönlichkeit erinnern.

Er sagt, er habe immer versucht, ein guter Vater zu sein, aber er habe mir keine gute Mutter sein können. Er sagt, ich möge ihm das verzeihen.

Er sagt, falls wir getrennt werden und uns nicht wiedersehen, solle ich mich an seine Worte, nicht an seine Taten halten. Ich solle leben, um anderen Menschen zu helfen und um die Welt zu einem besseren Ort zu machen; außerdem solle ich daran denken, selbst einmal Kinder zu bekommen. Und wenn ich jenen eine helfende Hand reiche, die in Not sind – egal ob Menschen oder Elefanten –, dann wäre das auch sehr schön.

Er sagt, wenn ich nach Hause komme, solle ich im Bücherregal nach Trofim Lyssenkos *Die Wissenschaft der heutigen Biologie* suchen. Ich würde, sagt er, gewisse Papiere finden, etwa in der Mitte, da sicher niemand versucht wäre, in dem ansonsten trocknen, nicht weiter bemerkenswerten Buch nachzuschauen.

Wir reden über Fußball, über einen Urlaub, den wir einmal in Odessa verbracht haben, über die Musik von Schostakowitsch, über Schweinekoteletts, Schokoladenkuchen, Fleischbällchen in Sahnesoße und über den Charakter von Foxterriern. Irgendwann sagt er dann, er sei müde und müsse schlafen.

SCHLAFGUTPAPA, klopfe ich.

Und er antwortet:

SCHLAFGUTJURIUNDLEBEEINGUTESLEBENMEIN-
LIEBERJUNGE

Am nächsten Morgen erhalte ich keine Antwort, und so weiß ich, sie sind in der Nacht gekommen. Sie müssen ihn fortgebracht haben.

Armer Papa. Ich hoffe, man behandelt ihn besser dort, an dem neuen Ort. Ich hoffe, da ist es netter. Wo immer er auch hingebracht wurde. Und ich hoffe, er hat genug zu essen. Endlich.

Eigentlich glaube ich nicht an Gott, aber egal. Diese Welt ist schon ziemlich seltsam. Wie man an Elektronen und am Magnetismus sehen kann. Die unwahrscheinlichsten Dinge passieren. Man kann nie wissen. Also spreche ich doch lieber ein Gebet für Papa. Sicher ist sicher.

Wenigstens konnte ich noch mit ihm reden und hören, dass es ihm gut geht.

16. Meine Seele für einen Riegel Hershey-Schokolade

Niemand kommt zu mir in die Zelle. Niemand reagiert auf mein Klopfen ans Leitungsrohr. Ich sehe, wie die Welt sich von trübem Grau zu düsterem Schwarz verdunkelt und dann wieder heller wird. Ich warte weitere zwei Tage ohne ein Wort, ohne Gesellschaft, ohne Speis und Trank. Es würde mich kaum freuen, Genosse Bruhah noch einmal zu sehen, wäre da nicht diese eine spezielle, besondere Kleinigkeit. Hinter ihm nämlich geht eine Wache, und der Mann trägt ein Tablett mit Essen sowie einen Krug Wasser. Er stellt es vor mir auf den Boden ab, und ich zögere keine Sekunde, sondern falle gleich drüber her. Auch ohne dazu aufgefordert worden zu sein.

Dieses Wasser kann ich gar nicht hoch genug loben.

Es ist frisches, klares, kaltes, absolut nasses Wasser. Soweit ich schmecken kann, ist es zuvor durch nichts und niemanden durchgelaufen. Kein einziges Mal. Nicht durch einen Spalt in der Mauer, und es wurde auch nicht Tropfen für Tropfen aus einem Käfer gedrückt oder wie Paste aus dem Hintern einer toten, verfilzten Maus gepresst.

»Juri, Juri, mein junger Freund …« Bruhah sieht zu, wie ich in großen Schlucken aus dem Krug trinke und wirft mir ein strahlendes Lächeln zu, lässt seine Porzellanzähne aufblitzen. Er breitet die Arme aus, um mich an sich zu drücken, weicht dann aber rasch einen Schritt zurück, schnaubt und hält sich ein nach Rasierwasser duftendes Taschentuch vors Gesicht. »Wie geht es dir denn so, junger Mann?«

»Nicht besonders«, krächze ich. Selbst nach dem unverhofften Trunk bleibt meine Kehle rau – trocken wie Sand, und es raschelt in meinem Hals wie Herbstlaub unter den Schuhen.

Kann sein, ich klinge ein bisschen vorwurfsvoll, aber so wie ich das sehe, hat er mich ziemlich schlecht behandelt. »Ich war ein wenig streng zu dir, als wir uns das letzte Mal gesehen haben«, gibt Bruhah zu. »Inzwischen aber habe ich Rat vom Genossen Kruschka eingeholt. Er sagt, du bist ein guter Junge. Nur eben ein bisschen blöd.

Er sagt, du wirst uns sicher helfen, wenn wir nur nett zu dir sind. Er sagt, ich müsse ein paar neue Tricks lernen, müsse lernen, besser mit anderen Kindern zu spielen. Er sagt, mit Zucker fängt man mehr Ameisen als mit Essig. Er sagt, ich dürfe mir nicht zu jedem Menschen, mit dem ich rede, Zugang erzwingen, dürfe sie auch nicht gleich brechen ...«

»Sie haben mir einen Finger abgeschnitten«, erinnere ich ihn. »Das tut immer noch weh. Sehen Sie selbst. Der Stummel hat sich entzündet. Und Sie haben mir keine Decke dagelassen, kein Wasser und nichts zu essen.«

»Juri!« Warnend hebt er einen Finger – er selbst hat noch den kompletten Satz. »Es bringt doch nichts, nachtragend zu sein.« Er zieht die Brauen hoch, schüttelt den Kopf. »In der Politik muss man lernen, flexibel zu bleiben. Vergangenes müssen wir Vergangenes sein lassen. Man muss vergeben und vergessen können, so wie ich das tue. Und dann weitermachen. Dies nennt man die dialektische Methode: These, Antithese und Synthese. Abendbrot …«

Er sagt, er habe mir nur einen kleinen Finger genommen, all die anderen aber unbehelligt an Ort und Stelle belassen. Er sagt, im Großen und Ganzen und unter diesen Umständen seien neun Finger doch eine erkleckliche Anzahl. So manch einer endet mit weit weniger. Vor allem hier im Palast der Wunder. Außerdem habe die Natur ja für reichlich Ersatz gesorgt.

»Möchtest du vielleicht einen Hershey-Riegel?«, fragt er.

»Einen was?«

»Mein liebster amerikanischer Schokoriegel.« Er zeigt mir eine braun und silbrig eingewickelte Süßigkeit. »*Der Nuss-Genuss im Schokoguss!* Fünf Cent der Riegel. Du kannst von Glück reden, Juri. Bis zur nächsten Lieferung gibt es in der gesamten Sowjetunion davon nur noch dreiundzwanzig Stück.«

Ich behaupte nicht, es sei das Beste, was ich gegessen habe. Jemals. In meinem ganzen Leben. Aber es kommt einer gebratenen Gans mit knusprigen Schmorkartoffeln und gewürztem Rotkohl doch ziemlich nahe.

Dann mache ich mich über das übrige Essen auf dem Tablett her.

Es gibt eine Scheibe Roggenbrot, zwei kalte, eher kleine Kartoffeln, eine halbe rohe Zwiebel, ein paar Rübchen, eine Schale mit Haferschleim und zwei Scheiben Wurst.

Ich brauche mehrere Minuten, um alles zu verputzen und
den Saft von den mir verbliebenen Fingern abzulecken,
da mich das Kauen und der immer noch trockene Mund
aufhalten.

»Na siehst du …« Bruhah strahlt. »Ich schätze, wir sind
wieder Freunde, nicht? Und jetzt möchte ich, dass du etwas für mich tust. Was meinst du? Bist du bereit?«

Ich nicke. Was für ein schrecklicher Zustand. Dass einen
der Magen die moralischen Grundsätze vergessen lassen
kann.

»Wir haben einen schlechten Start erwischt«, gibt er zu.
»Lass uns noch einmal von vorn anfangen. Du bist ein
Glückskind, Juri. Du bist ein Utensil, für das die Zeit gekommen ist. So wie ein Holzlöffel, mit dem man Haferbrei umrührt. Also, ich will dir nicht wehtun und möchte,
dass wir Freunde sind.«

»Ich werde gern etwas für Sie tun«, erkläre ich, »aber
können Sie auch etwas für mich tun?«

»Was soll es denn sein?«

»Ich möchte meine Mutter und meinen Vater zurückha-
ben«, sage ich. »Nur das. Nicht mehr und nicht weniger.
Mama ist in einem Lager in Kolyma; und Papa war hier,
gleich nebenan, in einer Zelle.«

»Ist das alles?« Bruhah lächelt. »Natürlich. Kein Problem.
Ich sorge dafür, dass du zu deinem Vater gehen darfst.
Das zu organisieren, könnte allerdings ein paar Tage dau-
ern.«

Dann sagt Bruhah, was er von mir möchte.

Er sagt, als es mit dem Wodsch zu Ende ging, hätte ich
mehr Zeit mit ihm verbracht als jeder andere. Er sagt, ich

müsse eine Liste mit den Namen all jener Leute aufstellen, die den Wodsch während seiner letzten Tage besuchten. Er sagt, ich müsse aufschreiben, was immer er gesagt habe, müsse mich an jeden Telefonanruf erinnern, an jeden geschriebenen Brief. Er sagt, das sei ich der Historie schuldig.

Er sagt, Matriona wisse, dass der Wodsch einen bestimmten Brief geschrieben hat. Sie behauptet, ich müsse ihn gesehen haben. Das sei sehr wichtig. Ob ich ihm was über diesen Brief sagen könne? Ob ich wisse, wo er ist?

Ich poche mit den Fingerknöcheln an meinen Kopf. Das erzeugt einen leeren, hölzernen Klang. »Hören Sie das?«, frage ich. »Traumatischer Hirnschaden«, erkläre ich. »So was kann einen ganz blöd machen. Meine linke Hirnhälfte ist vernarbt, deshalb bekomme ich diese Anfälle. Und wenn ich einen Anfall habe, vergesse ich komplett, was vorher passiert ist ...«

»Erinnerst du dich an diesen Brief?«

Vor Anstrengung kneife ich die Augen zusammen, lege die Stirn in Falten und beiße mir auf die Unterlippe. Ich zeige ihm, wie angestrengt ich nachdenke. Ich denke so angestrengt nach, dass mir fast die Tränen kommen.

Zwar gebe ich mir größte Mühe, doch bin ich, wie sie sehr wohl wissen, nur ein dummes Kind.

»Da ist was ...«, gebe ich zu, »irgendwo in meinem Hinterkopf. Ich glaube, ich habe ihn kurz gesehen, aber ich kann mich im Augenblick nicht mehr daran erinnern, wo er jetzt ist.«

»Ja?«

»Sagen Ihnen die Worte *Letztes Testament* irgendwas?«

»Aber ja.« Wie ein Specht nickt Bruhah vor lauter Begeisterung mehrere Male mit dem Kopf. »Das tun sie.«

»Könnte der Brief an jemanden adressiert gewesen sein, dessen Name mit einem S beginnt?«

»Ja«, ruft er. »Denk genauer nach. An Saitow etwa? An Sahomchkin? Surikow? Oder an Sijan? Sergejew?«

»Ja genau«, pflichte ich ihm bei, »an einen von denen. Falls der Name nicht mit einem R angefangen hat.«

»Einem R?«

»Könnte sein.«

»So wie Reschetnikow? Rodin? Rusnak? Rykow? Ramazanow? Raitow? Ramochin?«

»Richtig«, stimme ich ihm zu. »Es sei denn, der Name fing mit einem T an.«

»Einem T?«

»Keine Sorge ...«, sage ich. »Lassen Sie mir nur ein bisschen Zeit. Ich muss nachdenken. Noch mal ein bisschen nachdenken. Dann fällt es mir bestimmt wieder ein. Ganz unvermittelt. So funktioniert nämlich mein Verstand. Ich tue irgendwas anderes, und plötzlich erinnere ich mich wieder an diesen Brief. Und daran, wo ich ihn zuletzt gesehen habe ...«

Vielleicht kann ich ihn jetzt gerade sehen. Im Kino meiner Gedanken. Aber es bringt nichts, irgendwas zu überstürzen.

★

Viel hat sich in so kurzer Zeit verändert.

Die Datscha wurde geplündert, Menschen, Besitz, Papiere hat man entfernt. Die meisten Wachen wurden versetzt, weit fort nach Norden oder nach Osten, jedenfalls weit fort von der Hauptstadt.

Matriona packt. Man hat ihr die Reisepapiere ausgehändigt und gesagt, sie solle ihre Schwester in Jekaterinburg besuchen und bis auf Weiteres dort bleiben.

Das Personal ist fort, nur eine Handvoll Wachen blieb zurück. Die Küche ist geschlossen. Aus der Bibliothek wurden die Bücher entfernt. Man hat sogar die Regale abgebaut, und von den Wänden wurden die Bilder abgehängt. In der Garage stehen keine Limousinen mehr.

Schritte auf dem Parkettboden hallen jetzt laut durchs ganze Haus.

Das Büro des Stählernen ist ein leeres Zimmer. Helle Flecken an den Wänden zeigen an, wo Landkarten und Bilder hingen. Schreibtisch, Buchregale und Aktenschränke wurden abgeholt. Nur sein Sessel ist noch da, und Schrammen auf dem Parkett zeigen an, wo einmal Möbel standen.

★

Es gehört zu meiner Abmachung mit Bruhah, dass Isakow ständig in meiner Nähe bleibt.

Isakow begleitet mich überallhin. Und er bleibt bei mir, bis ich alles aufgeschrieben habe, was der Wodsch getan, wen er getroffen, was er gesagt hat – und bis ich den Brief finde.

Wenn ich mich wasche, steht er neben mir am Becken. Gehe ich zur Toilette, steht er vor meiner Kabine. Spazieren wir im Gorki-Park, bleiben wir eng zusammen wie ein Liebespaar; unsere Hände berühren sich. Wir schlafen in Löffelchen-Stellung im selben Eisenbett; seine Brust klebt an meinem Rücken, sein Arm liegt auf mir.

Nach einem Tag sind wir Freunde. Er wird zugänglicher, vertrauensvoller.

»Dies ist meine große Chance«, sagt er.

»Ja?«

»Alle bekommen ihre große Chance. Mindestens einmal im Leben. Und wenn sie kommt, muss man sie mit beiden Händen ergreifen.«

»Kann schon sein ...«

»Marschall Bruhah hat mich unter seine Fittiche genommen und mich zu seinem Assistenten ernannt ...«

»Herzlichen Glückwunsch, Genosse.«

»Er hat mich gebeten, etwas Großes für ihn zu tun. Etwas sehr Wichtiges. Und ich hab's getan. So was macht einen zu einem großen Mann. Größer, als du dir vorstellen kannst ...«

»Ach ja?«

»Ich kann dir nicht sagen, was es ist.«

»Gut«, antworte ich, »ich will es auch gar nicht wissen.«

»Es ist etwas, wodurch man zu einer Person der Geschichte wird. Etwas, was man nie mehr ungeschehen machen kann.«

»Ehrlich?«

»Der Marschall kümmert sich um seine Leute.«

»Gut für ihn«, sage ich. »Und gut für Sie.«

»Außerdem ...« Isakow pocht sich an den Kopf, »weiß ich manches und habe manches gesehen.«

»Das sollte helfen«, gebe ich ihm recht.

Allerdings sehe ich das anders.

Ich traue Marschall Bruhah nicht. Ich würde ihm nicht meine Nase anvertrauen. Nicht meine Finger. Nicht das Gebiss meines Vaters. Nicht meine Familie. Nicht unsere Zukunft. Auch nicht den Wodsch. Und erst recht nicht das Vaterland.

Ich schätze, ich kann es mir nicht leisten, ihm alles zu geben, was er von mir haben will, denn dann würde er mich nicht länger brauchen.

Also denke ich mir, ich darf ihm *diesen Brief* mit der grünen Krakelschrift auf dem gelben Umschlag auf keinen Fall aushändigen. Auch nicht, nachdem ich ihn gefunden habe, genau da, wo ich ihn in Gedanken sah, in einer Spalte zwischen den Bodendielen, gleich unter meinem Bett im Personalschlafsaal, mit einer Ecke, die unbekümmert aus dem Boden lugt und unbedingt zurückgeschoben werden muss, ehe Isakow merkt, dass ich den Brief schon gefunden habe.

Wir müssen wohl noch einen Tag länger danach suchen. Dabei bin ich bereits überall in der Datscha gewesen, oben, unten, drinnen und draußen.

Kein Glück.

Trotzdem geben wir nicht auf. Ist nur eine Frage der Geduld.

★

Man weiß, dass irgendwas los ist. Man hört es am Lokalsender des Hauptstadtradios. Die Frühnachrichten um neun Uhr sind eine Wiederholung der Nachrichten um Mitternacht. Das anschließende Gymnastikprogramm fällt aus. Ebenso der Parteivortrag. Stattdessen wird tragende, traurige Musik gespielt, nur sagt keiner, warum dies eine so ernste Zeit ist.

Nachmittags, um fünf nach drei, verstummt die Musik. Es folgt Glockengeläut, anschließend die Nationalhymne. Dann verkündet Juri Lewikow, bedächtig, belegt, mit vor Gefühl fast brechender Stimme:

> *Das Zentralkomitee der Kommunistischen Partei, der Ministerrat und das Präsidium des Obersten Sowjets geben mit tiefem Mitgefühl der Partei und allen Arbeitern bekannt, dass am 5. März um 21.50 Uhr Josef Petrowitsch, der Stählerne, der Sekretär des Zentralkomitees und Vorsitzende des sowjetischen Ministerrates, nach schwerer Krankheit gestorben ist.*
>
> *Das Herz des Großen Genies, des Netten Onkels, Vaters der Nation und Ausführenden des Willens Lenins, des weisen Führers und Lehrers der Kommunistischen Partei und des sowjetischen Volkes hat zu schlagen aufgehört.*

»Mann«, sagt Isakow. »Die haben sich damit aber echt Zeit gelassen ... Die ausländischen Radiosender haben das schon vor drei Tagen gemeldet.«

★

Zwei Tage später wird Bruhah in seinem neuen, silbernen ZIS-110 aus der Hauptstadt hierher in die Datscha gefahren. Auf der Haube flattert ein roter Wimpel, und sein Chauffeur poliert den Wagen, während Bruhah mit Isakow einen Spaziergang in den Wald unternimmt.
Ich sehe sie zwischen den hohen, schwankenden Birken davonstapfen. Bruhah hat einen Arm um Isakows Schultern gelegt und spricht ihm direkt ins Ohr. Isakow nickt zu allem, was er sagt. Es ist schön zu sehen, dass eine so herzliche Freundschaft zwischen Gleichgesinnten selbst schwierige Zeiten überdauern kann.
Dann verschlingt sie der Waldschatten.
In der Nähe ist ein Jäger oder Förster auf der Hatz nach Schädlingen, denn kurz darauf höre ich zwei Schüsse knallen, anschließend das wütende Gekrächze einiger Krähen.
Zehn Minuten später kommt Bruhah wieder, allein, mit raschem, beschwingtem Schritt, die Schuhe schmutzig. Er wischt sich die Hände an seiner Krawatte ab und pfeift dem Fahrer, damit der den Motor anlässt.
Isakow hat offenbar beschlossen, noch im Wald zu bleiben.

Eine Stunde später läuft mir Bruhah wieder über den Weg. Er schreitet über den Hauptflur, an seiner Seite der stämmige Bulgirow, kurz gesagt also: der Mann, der niemals ruht, mit dem Mann, der auf dem Klo schläft. Beide sehen zu mir herüber, als sie auf meiner Höhe sind. Bulgirow blinzelt mir kurz zu, und eine leise Andeutung von Gefühl huscht über sein flaches, flaches Mondgesicht. Bruhah dagegen mustert mich mit so kaltem Blick, als hätte ich unangenehme Gedanken in ihm geweckt.

»Komm, Juri«, sagt Bruhah, »wir beide, du und ich, wir haben noch etwas zu erledigen.«

»Nein«, erwidert Bulgirow, »dass finde ich nicht.«

»Nein?«, sagt Bruhah, dreht sich herum und richtet seinen Blick auf Bulgirow. »Dies hier ist allein meine Angelegenheit. Sie geht das nichts an.«

Sie starren sich an, ohne zu blinzeln, wie zwei Hunde, die sich um einen Knochen streiten.

»Unsere Arbeit hier ist beendet«, sagt Bulgirow. »Wir haben alles so weit in Ordnung gebracht, und das Aufräumen ist erledigt. Genug ist genug.«

»Ach ja?«, sagt Bruhah. »Das lass mal mich entscheiden.«

»Dies Engelsgesicht hier ist mein Freund«, sagt Bulgirow und legt eine schwere Hand auf meine Schulter. »Er ist harmlos. Er ist ein Idiot. Er ist ein Kind. Er bringt mich zum Lachen. Und ich möchte nicht hören, dass er plötzlich verschwunden oder irgendwie zu Schaden gekommen ist.«

Bruhah gluckst und marschiert ohne ein weiteres Wort an mir vorbei. Ich glaube kaum, dass ich in seinen Gedanken noch eine Rolle spiele. Er wird so viel im Kopf und weit Wichtigeres zu tun haben. Vielleicht bin ich für ihn auch nur eine Art Satzzeichen, ein Komma in seinem Buch, und es ist unwichtig, ob ich hier bin oder da oder nirgendwo.

Ich würde ihn gern an was erinnern. An sein Versprechen nämlich, mir meine Eltern zurückzubringen. Vorsicht stupst mich an und hält mich zurück. Eigentlich hat er sich schon genug um mich gekümmert. Mehr davon brauche ich nicht.

»Hast du ein Zuhause?« Bulgirow kneift mir in die Wange.

»Ja.«

»Dann kehr lieber dahin zurück«, sagt er. »Geh am besten so bald wie möglich.« Er gibt mir einen Klaps zwischen die Schulterblätter und macht auf dem Absatz kehrt, ohne sich noch einmal umzudrehen.

Ich schlendere den Flur entlang zur Eingangshalle.

An der Tür hält Tomsky ganz allein Wache. Er blickt von seinem Buch auf und lehnt sich auf dem knarzenden Stuhl zurück.

»Juri …«, sagt er, »bist du immer noch hier, Junge?«

Ich zucke die Achseln, und mir wird klar, dass sich alles verändert hat. Seit meiner Ankunft in diesem Haus habe ich zum ersten Mal keine Aufgabe; niemand packt mich am Kragen und sagt mir, was ich tun soll.

Hier interessiert sich niemand für mich. Nicht mehr. Papa, Bruhah, der Stählerne, Kruschka, Isakow – sie alle haben andere Sorgen. Sie haben sich auf den Weg gemacht, jeder in seine Richtung. Und das muss ich jetzt auch.

Ich hole meine Sachen aus dem Schlafsaal. Aus der Bibliothek des Wodsch habe ich mir zwei Bücher geliehen. Seife und ein Handtuch nehme ich aus dem Bad mit, zudem einen Stöpsel aus dem Waschbecken. Dann sind da noch ein paar geflickte, alte Hemden vom Stählernen, die Matriona mir gegeben hat. Und der Brief an Wislow, den ich hervorgeholt habe, zusammen mit der Tokarew TT-33, einer Pistole samt Magazin, die ich im Wachraum fand und als Souvenir meines Ausflugs behalte, meiner kurzen Aushilfe in der historischen Geschichte.

All das stecke ich in einen kleinen Fallschirmspringer-rucksack mit Tarnmuster.

Dann mache ich mich auf den Weg zurück in die Haupt-stadt, schaukle über die ausgefahrene Straße auf dem Bei-fahrersitz eines Möbellasters, der angehalten hat, um mich mitzunehmen.

Alle möglichen, aufregenden Gedanken wirbeln mir durch den Kopf.

Ich frage mich, ob Bruhah Wort gehalten und meine El-tern zurückgebracht hat. In Gedanken gehe ich durch, was mich zu Hause erwarten könnte.

Wer wird da sein, wer zur Tür stürzen, um mich an sich zu ziehen, mich in den Arm zu nehmen?

Mama? Oder Papa? Beide zusammen?

17. Heimkehr

Die Anzeichen sind nicht gerade ermutigend. Ich klopfe an, niemand antwortet. Der Ersatzschlüssel auf der Laibung ist ganz staubig. Die Tür schwingt auf, ein dunkler Flur. Drinnen ist es kälter als draußen im Treppenhaus.

»Mama? Papa?«, rufe ich. »Ich bin's, Juri.«

Es herrscht nur Stille. Die Gibbons draußen halten in ihrem Geschwätz inne, lauschen meinem Rufen.

»Papa?«, schreie ich. »Mama?«

Ich gehe in die Küche. Auf dem Tisch steht noch unser Abendbrot. Die ungegessenen Nudeln überzieht eine pelzige Schicht blaugrüner Schimmel. In den Teetassen schwimmt eine ölige Brühe. Der Geruch nach fauligen Zwiebeln verpestet die Luft.

Papas Zeitung, aufgeschlagen auf der Seite mit Kreuzworträtsel und Schachkomposition, ist mittlerweile Wochen alt.

Ich lege mich aufs Bett. Und ich weine. Wenige Tränen erst, kühl und feucht. Dann viele Tränen, heiß, heftig, und ein lautes, den Kopf zersprengendes Heulen.

Es ist tröstlich, alles rauszulassen. Nach etwa einer Stunde habe ich rasende Kopfschmerzen, aber in nahezu jeder anderen Hinsicht geht es mir viel besser.

★

Später am Abend dann kommt Papas Freundin vorbei, Genossin Anna, Kuratorin für Elefanten.

»Roman! Roman! ...« Sie hämmert mit den Fäusten an die Tür. »Ich bin's, Anna.«

Schniefend öffne ich die Tür.

»Juri, ach Juri ...«, sagt sie. »Ich habe Licht im Fenster gesehen, aber du bist es nur ...« Ihr Gesicht wirft Falten. Sie hatte sich Besseres erhofft.

Sie legt einen Arm um mich und gibt mir einen flüchtigen Kuss auf die Stirn. Anna verströmt ein Mischmasch an Gerüchen. Ich kann Heu erkennen, Elefanten, warmen Atem und Zitronenseife.

»Juri ...« Sie legt eine Hand an meine Wange und schaut mir ins Gesicht. »Was haben sie mit deiner Nase gemacht?«

»Kaum der Rede wert«, sage ich. »Sieh dir lieber meinen Finger an. Er ist nicht mehr da.«

Sie quiekt, runzelt die Stirn, schüttelt bekümmert den Kopf. Dann räumt sie den Tisch ab und stellt Wasser auf für einen Tee. Wir setzen uns. Ich erzähle meine Geschichte. Hin und wieder langt sie über den Tisch und drückt meine Hand.

An ihrem skeptischen Blick, der gerunzelten Stirn und den hochgezogenen Brauen merke ich, dass es ihr schwerfällt, mir zu glauben, was ich erzähle. An manchen Stellen fragt sie nach Details oder will, dass ich das ein oder andere deutlicher mache. Sie sorgt sich, ich könnte mich bei den Namen und Leuten täuschen. Und sie prüft die Reihenfolge der Ereignisse.

»Und das war der Mann aus Stahl«, fragt sie. »Bist du dir wirklich sicher?«

»Ja, ja«, antworte ich. »Das war Josef – Onkel Josef –, ganz bestimmt. Er raucht zu viel, vergisst Namen, betrügt beim Damespiel und flucht wie ein Droschkenkutscher.«

»Und du bist dir sicher, dass er es war?«

»Ja, er wollte alle Ärzte erschießen lassen. Und alle Menschen wie Fliegen behandeln. Und der Liebe eine Ende machen. Aber da waren natürlich auch die drei Doppelgänger – Felix, Raschid und Direktor Diki.«

»Du warst in seinem Büro, hast du gesagt?«

»Ja«, erwidere ich, »aber es gab vier identische Zimmer. Er hat sie abwechselnd benutzt.«

»Und Kruschka? Bist du sicher? War der wirklich da?«

»Ja, und er kann Kalinka tanzen«, erkläre ich, »wie eine Ballerina, aber er betrinkt sich fürchterlich. Und dann singt er unanständige Lieder über nackte Frauen.«

Ich erzähle ihr, wie ich in Schwierigkeiten geraten bin, erzähle ihr das mit der Nase und dem Finger.

»Marschall Bruhah?« Sie runzelt die Stirn. »Wie kannst du dir da sicher sein?«

Vor allem aber will sie hören, was ich über Papa weiß; was ich selbst erlebt habe, ist ihr dagegen nicht so wichtig. Als ich ihr von seiner Zeit in der Zelle erzähle, reagiert sie sehr besorgt.

»Was wir hier reden, ist ziemlich gefährlich«, sagt sie. »Es mag stimmen, aber vielleicht auch nicht. Jedenfalls bringt es nichts Gutes. Pass auf dich auf, rede lieber nicht mehr davon … Lass uns beten – feste beten – für die Sicherheit deines Vaters …«

★

Am Nordende wird der Platz von Truppen und steilen Mauern blockiert; die Massen drängen vom Süden heran, schieben die Leute weiter, die vor ihnen stehen. Es kommt zu einer Panik. Tausende, heißt es, werden zerquetscht und zu Tode getrampelt; sie verlassen diese Welt zusammen mit dem Großen Vater.

Fünf Kilometer soll die Schlange jener lang sein, die am Sarg des großen Mannes vorbeigehen wollen, um einen letzten Blick auf ihn zu werfen. Ich gehe mit Tante Natascha, Onkel Iwan und Vetter Grigory. Beim Patriarchenteich schließen wir uns dem zehn Mann breiten Zug an und brauchen sieben Stunden bis zum Mausoleum, dann noch einmal zwei, um am offenen Sarg vorbeizudefilieren. Ich hätte nie gedacht, dass mich der Anblick so mitnehmen würde. Die Leiche zu sehen. Nur im Vorübergehen. Dann fange ich an zu schluchzen und kann gar nicht mehr aufhören.

Tante Natascha umarmt mich voller Stolz und wendet sich an die umstehenden Trauernden. »Dieser Junge ist ein Patriot. Er hat den Großen Vater, das Genie, Josef, den Mann aus Stahl, über alles geliebt«, verkündet sie.

Das aber war es eigentlich nicht.

Nein. Es war der Anblick meines lieben Freundes und Beschützers, des armen Raschids, der dort im Sarg lag. Er war so nett zu mir gewesen. Jetzt aber blieben seine Lippen auf immer unter dem buschigen Schnauzbart versiegelt; Raschid mit dem dichten, nach hinten gekämmten Haar, den fleischigen Ohren und den mit Schwefelsäure ins Gesicht gebrannten Pockennarben, jetzt so steif und kalt, auf immer fort.

Und wir konnten uns nicht einmal voneinander verabschieden.

Es war, als könnte der Stählerne Genosse nie krank werden oder sterben, ohne dass einer meiner Freunde die Rechnung zahlen und aus lauter Mitgefühl das gleiche Schicksal erleiden musste. Erst Felix, jetzt Raschid.

Ihre Gründe kann ich mir denken. Der echte Stählerne dürfte einen ziemlich müden, alten, verfallenen Anblick geboten haben. Man wollte der Öffentlichkeit aber einen jüngeren, vitaleren, besser aussehenden Dahingeschiedenen zeigen, einen in attraktiverer, energischerer Leichenstarre.

Außerdem kennen sie keine Skrupel, das weiß ich. Kaum ist der Große Anführer von uns gegangen, sind die Doppelgänger entbehrlich.

Genossin Anna sagt, wir müssen unser Leben wieder in die Spur bringen, Papa und ich.

Ansonsten wird man Papa kündigen. Weil er nicht zur Arbeit kommt, wird seine Wohnung an jemand anderen vergeben. Weil sie leer steht. Und dann gibt es kein Zuhause mehr, zu dem wir zurückkehren können.

Anna ist fleißig gewesen. Und gründlich, hat überall nachgefragt, aber bei niemandem klingelt's, wenn er Papas Namen hört.

Es bleibt ein Rätsel. Wie so viele andere, ist er jetzt einer von denen, die verschwunden sind. Vollständig und komplett.

In keinem Krankenhaus hat man ihn gesehen. Keine Leichenhalle hat ihn aufgenommen. Die Partei weiß von nichts, die Staatssicherheit gibt sich unbesorgt. Der Polizei wurde keine Meldung gemacht, die Freunde haben nichts gehört.

Über ihre Schwester, die mit Lew Brodsky verheiratet ist, einem Professor für Lungenbeschwerden, besorgt Anna ein Attest, laut dem Papa ernstlich erkrankt ist. Er leidet nun offiziell an Tuberkulose, weshalb er sich für drei Monate in einem Sanatorium in Odessa aufhält.

Anna sagt, die Leute haben Verständnis, wenn jemand wegen Tuberkulose fehlt. Da beneiden sie einen nicht um den Urlaub. Urlaub bei vollen Bezügen. Denen ist es lieber, man leidet weit fort, als dass man sie mit krankem Blut vollhustet.

Trotzdem muss es aussehen, als sei die Wohnung bewohnt. Ansonsten kriegt sie kurzfristig jemand anderes, oder man schreibt Papa ab, noch ehe er seinen letzten Atemzug getan hat.

Wir machen einen Plan, wann ich wohin gehe, und der sieht folgendermaßen aus: Genossin Anna kommt frühmorgens und spätabends, um nachzusehen, ob ich wohlbehalten wieder in der Wohnung bin. Am Nachmittag gehe ich nach der Schule zu Tante Natascha, esse zu Mittag, mache meine Hausarbeiten und bleibe, bis Onkel Iwan mich abends nach Hause bringt.

★

Im Zoo passiert immer irgendwas. Lotti, die Giraffe, hat gekalbt, und Tippi wurde geboren. Sie ist sehr sanftmütig, aber scheu und taumelt wie eine Betrunkene auf Stelzen durch die Gegend. Manchmal kippt sie sogar um.
Im Austausch für ein sibirisches Tigerpärchen hat der chinesische Zoo uns zwei Riesenpandas geschickt. Jeden Tag drängeln sich aberhundert Besucher vor dem Käfig, um die in den Büschen versteckten oder im Halbdunkel ihrer Höhle lauernden Neuankömmlinge zu sehen.
Schango, Genosse Elefant, hat einen neuen Trick gelernt. Er spuckt Wasser aus seinem nach hinten über die Schulter gerollten Rüssel und versucht, einen der Makaken im Nachbargehege zu treffen, während er tut, als sähe er in eine andere Richtung. Die Affen bewerfen ihn dafür mit faulen Früchten. Die können sich wirklich gegenseitig nicht ausstehen.
Wenn Schango einen Affen trifft, wackelt er vor Vergnügen mit dem Schwanz und wedelt mit den Ohren; wenn er mit dem Strahl aber einen Makak von seinem Sitzplatz fegt, hebt er den Kopf zum Himmel hoch und trompetet seinen Triumph hinaus.
Wie der andere Genosse Elefant ist er jemand, der sich an seiner Rache freut.

In der Schule werde ich immer noch getriezt.
Sergei Jerofeijew hat sich angewöhnt, mir in die Nase zu kneifen und dabei wie ein Auto zu hupen. Er ruft dann: *Tut, tut, die Riesentrompete!* Und Taras Botskin erfindet

ständig neue Namen für mich, nennt mich Esel-Lecker, Schwanz-im-Arsch, Wichser, Auf-die-Knie, Trink-meine-Ficksahne oder Mutter-Lutscher, was mich verletzen soll, aber das Gegenteil bewirkt, da die Beschimpfungen eigentlich keinen rechten Sinn ergeben. Also habe ich gelernt, sie stumm über mich ergehen zu lassen.

Ehrlich gesagt, wurde man von Bruhah in die Mangel genommen, wirken solche Anstrengungen beinahe freundlich, geradezu anregend und liebenswürdig.

Ich wage es nicht, auch nur ein Wort von meinen Abenteuern zu erzählen. Selbst meinem Freund Ossip Lokstin habe ich nichts gesagt. Erstens ist es gefährlich, darüber zu reden, und zweitens würde mir sowieso keiner glauben. Als die Klassenlehrerin uns einen Aufsatz mit dem Titel: *Was während der Ferien passierte* aufgibt, lüge ich und lass all das mit dem Mann aus Stahl weg.

Stattdessen schreibe ich, wir seien auf den Spatzenhügel gewandert und hätte wilde Krähenbeeren gesammelt.

In den ersten Tagen sorge ich in der Klasse allerdings für ziemliche Aufmerksamkeit, und das wegen meiner Nase und weil mir ein Finger fehlt.

Ich erzähle, ich hätte den Finger im Zoo verloren, weil ich ganz grundlos angegriffen wurde, als ich mit der Hand durch die Gitterstäbe ins Wolfsgehege griff.

18. Herrscher der Drehkreuze

Betrunkene sammeln sich auf der dreieckigen Pflasterfläche am Eingang zum Zoo, hocken auf den Bänken vor den Drehkreuzen. Sie betteln die Besucher um Kleingeld an und klauen, wenn sich die Gelegenheit bietet. Papa hat immer gesagt, das sei die reinste Form von Sozialismus. Allen nach Bedarf. Von jedem ganz nach seinem Herzen.

Ich muss morgens immer an ihren Bänken vorbei. Die Herren-der-Straße schlafen die Flaschenfreuden des vorigen Abends aus oder vollziehen am Springbrunnen ihre flüchtigen Waschungen, überraschen sich tagtäglich aufs Neue mit dem Wasser, das schäumend aus dem Mund des Genossen Gorki spritzt.

Und ich? Nun, ich bin auf dem Weg zur Schule.

An diesem Morgen aber taumelt einer der Säufer auf die Füße, winkt mir zu und beginnt, als ich an ihm vorübergehe, lauthals zu schreien. Er meint, mich zu kennen. Er scheint davon fest überzeugt zu sein.

»Hallo Schwachkopf! Komm her ... jetzt ... sofort ... Ich befehle es dir.«

Ich drehe mich um und trotte auf ihn zu, bis uns kaum mehr ein Meter trennt.

Er ist ein kleiner Mann mit zerfurchtem, wettergegerbtem, leberfleckigem, ungewaschenem Gesicht. Die Vor-

derzähne fehlen, und er hat einen dreckigen Soldaten-
mantel an, aus dessen Tasche der mit Alufolie umwickelte
Hals einer Flasche Victory-Wodka ragt.

Er trägt eine Drillichhose, die auf Schienbeinhöhe endet, dazu verschrammte, offene Infanteriestiefel; und
das vor einiger Zeit kurz rasierte Haar ist ungleichmäßig zu einem fusseligen Bürstenschnitt nachgewachsen.
Am Kinn prangen die stoppeligen Anfänge eines silbrigen
Schnäuzers. Das dichteste Haar aber sprießt ihm in Bü-
scheln aus Nase und Ohren.

»Wo warst du? Ich habe dich gebraucht«, schimpft er. »Jeden Tag habe ich auf dich gewartet, und die Zahl der Aufgaben wächst berghoch ...«

Die barsche Stimme klingt zutiefst vertraut, nur lallt der
Mann fürchterlich. Und er hat eine schwere Erkältung,
Rotz hängt ihm wie Eiszapfen an der Nase. Sein schlurfen-
der Gang und die in sich zusammengesunkene, erstarrte
rechte Gesichtshälfte verraten, dass er einen schweren
Schlaganfall erlitten hat.

Säuerliche, ätzende, süßliche, muffige, faulige, gärende
und ziemlich persönliche Gerüche wehen von ihm zu mir
herüber. Er riecht wie die matschige Ecke vom Nilpferd-
gehege an einem heißen Sommertag.

»Sag mir noch mal deinen Namen«, fordert er mich auf.

»Er ist mir gerade entfallen.«

»Juri«, sage ich. »Ich heiße Juri Romanowitsch Zipit.«

»Genau ...«, erwidert er. »Schwachkopf. Aber *mich* er-
kennst du doch bestimmt wieder, oder?«

»Verzeihen Sie ...« Ich zucke die Achseln und lächle
verwirrt, aber er strahlt irgendwas aus, das mir zugleich

beunruhigend und vertraut vorkommt, das bei mir klingelt, anklopft, schreiend nach Einlass verlangt.

»Lemkow, bitte …« Der alte Penner dreht sich zu seinem Nachbarn um. »Sag dem Jungen, wer ich wirklich bin. Wer ich *wirklich* wirklich bin.«

Lemkow erhebt sich umständlich, blinzelt mir übertrieben zu, schlägt die Hacken zusammen und salutiert.

»Es freut mich, seine Exzellenz vorstellen zu dürfen, den Herrscher der Drehkreuze, Obersten Befehlshaber des Universums, Vorsitzender der Säuferpartei, Zar des Patriarchenteiches, Bewahrer-der-Flasche und – zumindest in seiner eigenen Fantasiewelt – niemand anderes als Josef Petrowitsch, der verstorbene Stählerne.«

Und als ich nun in die tiefen, schlammigen Augenteiche des Alten blicke, sehe ich endlich, wer er ist. Wer er wirklich ist.

Ja.

Wahrhaftig, er ist es.

Er. Er höchstpersönlich.

Der Gärtner menschlichen Glücks.

Der Architekt der Freude.

Der Wodsch. Der Vorsitzende. Der Nette Onkel. Das Genie. Der Steuermann. Der Stählerne Genosse. So steht er vor mir, im Rang gesunken und im Aussehen verändert – statt Generalsekretär der Kommunistischen Partei des Vaterlandes ein ungewaschener, streng riechender, angesäuselter Pennbruder.

»Lemkow war Professor für Psychiatrie an der Hauptstadtuniversität«, sagt der Wodsch, »wurde aber aufgrund einer politischen Fehleinschätzung entlassen. Inzwischen

242

habe ich ihn rehabilitiert. Heute ist er mein Minister für Inneres und Marschall des Alltäglichen.« Der Wodsch zieht die Nase hoch, kämpft gegen den Strom an, versucht, das Herabtröpfeln seines Rotzpendels aufzuhalten. »Und Simionow hier ist mein neuer Verteidigungsminister mit der besonderen Mission, aufdringliche Frechdachse fernzuhalten ... Arkadylew hingegen ist Kommissar für Essensbesorgung und Kleingeldklau.«

»Aber ...?« Mir bleibt der Mund offen stehen. Ich deute auf ihn, die Bänke, seine Gefährten.

»Du findest, ich sehe anders aus?« Der Wodsch schüttelt müde das verwitterte Haupt. »Die Dinge haben sich geändert. Man hat mich aus all meinen Burgen und Palästen ausgesperrt. Ich habe keine Datscha auf dem Land mehr, kein Haus in der Stadt, keine offizielle Residenz. Ich lebe auf der Straße. Man hat mich schändlich behandelt, aber ich warte auf meine Rettung, darauf, dahin zurückzukehren, wohin ich gehöre ... Wieder der Regierungschef zu sein vom *wie-heißt-das-noch* ...« Angestrengt sucht er nach dem Wort für das, was immer er auch regiert haben mag ...

»Vaterland«, ergänze ich.

»Richtig.« Er lächelt. »So heißt das. Und wieder der Oberste von *du-weißt-schon* und Vorsitzender von *wie-heißt-das-gleich-noch-mal* ...«

»*Politbüro?*«, rate ich.

»Ja, ganz genau ... Aber du wirst es nicht glauben, man verwehrt mir den Zugang zum Volkspalast. Schickt mich weg. Die Wachen drohen mit gesenktem Gewehr, stochern mit ihren Bajonetten nach mir. Die Polizei schreit mich an und verscheucht uns. Ich musste von vorn anfangen, eine neue Verwaltung aufbauen, neue Stellvertreter ernennen … Fjodor hier ersetzt Malarkow; ich habe ihn zum Kommandanten aller offenen Straßenfeuer ernannt.«

»Wie ist denn das passiert?«, frage ich. »Ich habe Sie für tot gehalten. Das ganze Vaterland hält Sie für tot. Die Leute stehen an, um Ihrem Leichnam die letzte Ehre zu erweisen. Er liegt einbalsamiert im Volkspalast, damit ihn alle sehen können. Und es gibt eine neue Regierung. Bulgirow ist Vorsitzender des Ministerrats, Bruhah sein Stellvertreter.«

»Bruhah ist schuld, dieser Mistkerl. Er hat mir das angetan. Dieser boshafte Zwerg …«

»Aber wie um alles in der Welt?«

»Er kommt mitten in der Nacht mit bewaffneten Wachen zu mir in die Datscha und bricht in mein Zimmer ein, weil er weiß, dass ich ihn verhaften lassen will. Er sagt, nicht für ihn sei es Zeit abzutreten, sondern für mich … Er sagt, ich sei zu alt, zu krank, sei eine Gefahr fürs Vaterland und schlecht für dies, eine Bedrohung für das, aber er sagt, umbringen will er mich nicht.

›Es gibt Schlimmeres als den Tod, Josef Petrowitsch‹, sagt er, ›und was das ist, will ich dir zeigen. Ich verdamme dich zum Leben. Damit du am eigenen Leib spürst, wie es ist, ein Bürger im Vaterland des Stählernen Genossen zu sein …‹«

»Ja?«

»Also zerren sie mich aus dem Bett, streifen mir alte, schlecht sitzende Kleider über und machen sich an meinem Äußeren zu schaffen. Ich muss mich hinsetzen, dann schnippeln sie an meinem Haar herum, rasieren mir den Schnäuzer ab, drücken mir mit einem Nagelstempel ein Tattoo auf den Arm. Seither habe ich eine Gefängnisnummer, die besagt, dass ich Insasse eines Arbeitslagers war. Sie stecken mir neue Papiere in die Tasche, Papiere, die es mir erlauben, in Minsk, aber nicht in der Hauptstadt zu wohnen. Also bin ich selbst hier auf der Straße vogelfrei. Und sie haben mich zum antisozialen Element erklärt. Rate mal, welcher Name in meinen Papieren steht?«

»Keine Ahnung.«

»Blechmann ... Ein Mann aus Blech ... Nikolai Blechmann. Ein Roma, ein Zigeuner, der zwölf Jahre im Gulag saß.«

»Und dann?«

»Kippen sie Wodka in mich rein. Und sie kippen Wodka über mich aus. Damit ich betrunken lalle und wie ein Stadtstreicher stinke. Sie geben mir eine Spritze. Sie sagen, das sei Medizin, die Pferde beruhigt. Sie sagen, danach fühle ich mich besser, und sie schmieren meinen Mantel mit Dreck und Abfall ein.

›Na also ...‹, bewundern sie ihr Werk, ›jetzt siehst du wie ein echter Tippelbruder und Schluckspecht aus.‹ Sie lachen. Als hätten sie was richtig Tolles vollbracht.

›Jetzt ...‹, erklärt Bruhah, ›bist du ein blöder alter Bettler und nicht ganz richtig im Kopf. Du kannst gehen, wohin du willst, kannst sagen, was du willst, kannst nach Lust und Laune Verordnungen erlassen, Listen schreiben und so viele Fünfjahrespläne erstellen, wie es dir beliebt. Und du kannst drohen, wem du willst ... Niemand wird dich erkennen. Niemand wird dir glauben, wer du bist. Der Stählerne ist tot. Endlich. Und wenn es einen Gott gäbe, würde ich ihm dafür danken ...‹

Sie fahren mich in die Stadt und lassen die Limousine anhalten, als sie an einem offenen Feuer ein Grüppchen Säufer sehen. Bruhah steigt aus und ruft zwei Leute zu sich – Lemkow hier und Simionow. Er knöpft sie sich vor, greift schließlich in seine Tasche und drückt ihnen ein paar Scheine in die Hand. Als er zum Wagen zurückkommt, sagt er: ›Hier gehörst du hin, du widerliche alte Schnapsdrossel.‹ Dann stößt er mich nach draußen an die eisige Luft. ›Das hier ist dein neuer Palast, und das sind deine neuen Untertanen.‹

Dann fahren sie fort und überlassen es mir, das Beste aus meiner Lage zu machen. Also richte ich mein Wort an die Besuffskis, befehle ihnen, sich um mich zu versammeln, sage: Rührt euch!, und halte eine Rede aus dem Stegreif. Ich sage ihnen, wer ich bin, sage, was ich von ihnen erwarte. Dann gebe ich eine kurze Zusammenfassung unserer Wirtschaftsplanung, rede über den strategischen Bedarf unseres Landes, warne vor den hegemonistischen Bestrebungen der Vereinigten Staaten und ihrer kapitalistischen Lakaien. Ich umreiße unsere kurzfristige Politik, betone, wie wichtig Qualität und Sorgfalt sind, in der Industrie wie in der Landwirtschaft, und erkläre, dass mir vieles Wichtiges unterstellt ist, ganze Länder und Städte, aber auch Komitees und Kommissionen, Kollegs und Kollegien, Kollektive und Kooperative und so weiter. Dann bitte ich sie um ihre Unterstützung in meinem Kampf zur Rückeroberung meiner Macht.

Sie sagen: ›Kein Problem. Bist ein prächtiger, alter Kerl. Aber warte lieber erst mal den nächsten Morgen ab. Entspann dich und nimm vielleicht noch ein Schlückchen.‹ Und sie sagen noch viele tröstliche Worte mehr.

Sie sind rücksichtsvoll, hilfsbereit und höflich. Sie behandeln mich wie ihren älteren Onkel. Lemkow gibt mir eine Gemüsekiste, auf der ich nah am Feuer sitzen kann. Simionow schenkt mir heißen Tee mit einem Schuss Wodka ein, der mir die Knochen wärmt.

Aber schon bald kommen zwei Polizisten. Die sind ganz anders, richtig unverschämt und widerborstig. Ihre Polizeimütze und die Rangabzeichen sind ihnen zu Kopf gestiegen. Sie kicken Schnee auf unser Feuer und sagen, wir sollen verschwinden. Sie sind keine guten Genossen. Und sie sind unhöflich.

›Kommt her‹, befehle ich ihnen, ›und tut, was ich euch sage. Ihr seid Abschaum! Ich bin der Mann aus Stahl. Ihr müsst mich auf der Stelle zum Volkspalast bringen. Dann werde ich euch eure Unverschämtheiten vielleicht verzeihen …‹« Er schüttelt den Kopf.

»Und?«, frage ich.

»Du wirst nicht glauben, was sie getan haben.«

»Hat man Sie für einen Penner gehalten?«

»Der erste Polizist sagt: ›Wenn du der Stählerne bist, bin ich Katharina die Große, also leck meine Möse und küss meinen Arsch.‹ Und der zweite Polizist sagt: ›Fick dich ins Knie, alter Drecksack.‹

Dann hämmert er mir den Gewehrkolben in den Mund und schlägt mir sämtliche Vorderzähne aus, und als ich auf dem Boden liege, tritt mir der andere von hinten in die Nieren. Sie haben mich beide fies und unverschämt beschimpft und immer wieder zugetreten. Hätte Simionow mir nicht geholfen, wäre das mein Ende gewesen.«

»Eine Schande«, tröste ich ihn. »Eine schreckliche Schande.«

»Ich habe ihre Namen und ihre Nummern«, sagt der Wodsch. »Überhaupt habe ich die Namen all derer gesammelt, die mich in diesen letzten Wochen ungerecht behandelt haben ... Ich musste allerhand Grobheiten erdulden, jede Menge Verachtung sowie reichlich Nachlässigkeit und Respektlosigkeit, aber ich habe eine Liste mit den Namen von zweihundertfünfundsechzig Verrätern erstellt. Manche davon Wiederholungstäter. Und wenn ich erst wieder an der Macht bin, lass ich sie alle in einer Reihe aufstellen und erschießen.«

»Das Leben ist wie eine Achterbahn«, stelle ich fest, was mich das Auf und Ab der letzten Zeit gelehrt hat.

»Schwierige, aber aufregende Zeiten. Und bedeutsame Zeiten. Ein Leben wie das vor der Revolution. Ständig müssen wir der Polizei zwei Schritte voraus sein, müssen unsere Treffen geheim halten und Geld und Lebensmittel auftreiben, um unseren täglichen Bedarf zu decken. Außerdem müssen wir auf Verräter in den eigenen Reihen achten ... Siehst du da drüben unter dem Baum den Mann mit den hochgezogenen Schultern?«

»Ist das nicht Pakulin, der Wachposten von der Datscha?«

»Genau«, erwidert der Wodsch. »Gehörte zu meiner persönlichen Leibwache. Mittlerweile arbeitet er für Bruhah und folgt mir auf Schritt und Tritt. Ich nehme an, Pakulin erstattet ihm Bericht ... Manchmal kommt Bruhah selbst vorbei, um nach mir zu sehen. Er lacht angesichts meiner Lage, schleudert mir Beleidigungen ins Gesicht, aber er will mich am Leben lassen ...«

»Sind Sie sich da sicher?«

»Ja, denn er gibt Lemkow und Simionow Wodka und Geld, damit sie darauf aufpassen, dass mir nichts passiert. ›Kümmert euch um den Großen Führer‹, sagt er. ›Ich freue mich, wenn er leidet, aber sorgt dafür, dass er diesseits des Grabes bleibt. Es gefällt mir, ihn auf der Straße zu sehen.‹«

»Immerhin sorgt er für Sie.«

»Er will mich demütigen, und es freut ihn, dass ich so tief gestürzt bin. Er sagt: ›Manche Leute gehen gern ins Ballett. Manche Leute gehen gern in die Oper. Manche Leute gehen gern zum Fußball, aber mein heimliches Vergnügen, Koba, ist es, dich zu beobachten ...‹«

»Und was werden Sie jetzt tun?«

Er dreht die Handflächen hilflos nach oben, schüttelt ein wenig fassungslos den Kopf. »Kein Mensch erkennt mich oder weiß, wer ich bin. Diese Leiche in dem Sarg kriegt jede Menge Lob und Respekt – dabei bin ich das nicht mal. Für mich dagegen gibt es nur Beleidigungen und Desinteresse. Die Leute halten mich für einen Stadtstreicher, einen Säufer ...«

»Ja?«

»Es ist schwer, auch nur die grundlegenden Dinge zum Leben zu besorgen. Die Verkäufer im Laden wollen für alles Geld. Wenn ich sage, wer ich bin, werfen sie mich aus ihrem Geschäft. Mittlerweile lassen sie mich gar nicht mehr zur Tür herein.«

»Kann ich helfen?«, frage ich aus Gewohnheit, eine re-
flexhafte Freundlichkeit, die ich bereue, sobald mir die
Worte über die Lippen gekommen sind. Der Wodsch ist in
seinen Forderungen noch nie bescheiden gewesen.

»Wir müssen dagegen mobilisieren, müssen eine Vollver-
sammlung des Präsidiums der Partei einberufen. Vor dem
kann ich mich dann zeigen und meine Macht wiederer-
langen ...«

Er sagt, ich müsse für ihn zu Motolow und Miokan. Ich
könne sie im Volkspalast antreffen, müsse ihnen sagen,
was passiert ist ... Dass Bruhah und Kruschka den Tod
des Stählernen nur vorgetäuscht haben, dass der Mann
aus Stahl lebt und zur Rückkehr bereit ist.

»Und jetzt geh. Geh!«, drängt er mich. »Überbringe die
gute Nachricht.«

»Oh.«

»Und noch was, Juri ...«

»Ja?«

»Ich brauche Hähnchen.«

»Hähnchen?«

»Zwei am Spieß gebratene Hähnchen. Ein Spanfer-
kel. Gegrillten Hecht auf Langustenschwanz. Zwei Laib
frisch gebackenes Roggenbrot. Eine Portion Butter. Tomatensalat. Auberginenpüree. Eine Tüte Walnüsse. Ein
Glas eingelegte Pilze, gemischt. Zwei Kilo Weintrauben.
Ein Pfund frische Krähenbeeren. Eine Kiste georgischen
Wein ... Ich finde, wir haben alle ein Fest verdient. Weißt
du, wie lange es her ist, dass meine Genossen und ich ein
gutes Mahl zu uns genommen haben?«

»Und wo bekomme ich das alles?«

»In einem Lebensmittelladen, Dummkopf. Verlang es einfach. Sag, es sei für den Stählernen Genossen. Sag, sollten sie sich weigern, lasse ich sie erschießen.«

»Wodsch«, erwidere ich, »der Mann aus Stahl ist tot. Das weiß alle Welt. Und die Lebensmittel, die Sie wollen, gibt es gar nicht. Man kann sie nicht kaufen. Manchmal gibt es in einem Laden Tomaten, aber der hat dann sicher keine Hähnchen. Und sollte er doch einmal Hähnchen haben, durch welchen merkwürdigen Zufall auch immer, gibt es keine Butter. Diese Lebensmittel findet man nicht zusammen am selben Ort im selben Jahr in derselben Stadt, es sei denn, in einem Rezeptbuch aus alter Zeit oder in der Fantasie eines Menschen aus dem Westen.«

Als ich mich umdrehe, lässt er es mich noch einmal versprechen. Dass ich zu Miokan und Motolow gehe und sie über die Lage aufkläre. Damit sie eine Revolution planen und zu seiner Rettung kommen können.

Ich sage: »Ja, natürlich, Wodsch«, aber ich habe ein schlechtes Gewissen, denn dieses Versprechen kann ich nicht erfüllen. Und ehrlich gesagt, ich werde es nicht einmal versuchen.

Die Mächtigen habe ihre Türen geöffnet und mich einen Blick in ihr Leben werfen lassen, aber ich weiß so gut wie sie, dass ich keiner von ihnen bin.

Ich bin ein zwölfjähriger Junge. Die Leute halten mich für einen Einfaltspinsel mit Dachschaden. Es gibt Grenzen dessen, was ich tun darf. Ich muss in der Klasse die Hand heben, wenn ich auf die Toilette möchte. Wenn ich Brot kaufen will, übersieht mich der Bäcker.

Ich kann mich nicht vor zwei der höchsten Mitglieder des

Politbüros, beide Stellvertretende Ministerpräsidenten, für den jüngst verstorbenen Generalsekretär der Kommunistischen Partei einsetzen.

Das geht weit über das hinaus, was mir möglich ist. Und ich kann sie sicher nicht davon überzeugen, dass der Stählerne noch lebt, wo seine Leiche doch für alle Welt sichtbar einbalsamiert im Volkspalast liegt.

Außerdem aber habe ich Folgendes gelernt: Es gibt eine Zeit zu handeln, aber auch eine Zeit, nichts zu tun. Und im Innersten weiß ich, dass ich das Ganze jetzt lieber auf sich beruhen lassen sollte. In den letzten Wochen hat sich die Lage gebessert.

Ich sage ungern Schlechtes über den Genossen, aber ich ziehe es vor, wenn die Regierung des Vaterlandes nicht nur aus einem einzigen verärgerten Mann besteht. Der sein Gedächtnis verloren hat. Und Rache will. Und uns wie Fliegen behandelt.

19. Goodbye, Geschichte

Mich muss nicht erst die *Tägliche Wahrheit* darüber aufklären, dass Marschall Bruhah ein schlechter Mann und grausamer Mensch ist. Das weiß ich aus eigener Erfahrung, denn er hat mir die Nase gebrochen. Und er hat es noch mal bestätigt, als er mir einen Finger abschnitt. Außerdem wurde es zusätzlich durch das bewiesen, was mir der Wodsch erzählt hat – wie Bruhah ihm die Macht stahl, wie er ihn zwang, die Datscha zu verlassen und als Penner auf der Straße zu leben.

Dennoch, obwohl er ein grausamer Mensch ist, habe ich ihm vertraut. Er hat versprochen, Mama und Papa zurückzubringen. Das ist ein zwischen uns geschlossenes Abkommen. Ich habe mich darauf verlassen, dass er in Gang setzt, was immer nötig ist, um sie zu befreien und nach Hause zu schicken.

Kaum ist der Stählerne fort, wenden sich die Dinge zum Besseren. Das Präsidium des Obersten Sowjet erlässt eine Amnestie für Gulag-Insassen. Viele kommen frei – all jene, deren Strafe weniger als fünf Jahre betrug; jene, die wegen Militär- oder Wirtschaftsverbrechen verurteilt waren; Frauen mit Kindern unter zehn Jahren; Jugendliche unter achtzehn Jahren; Männer über fünfundfünfzig Jahre; alle, die an unheilbaren Krankheiten leiden. Und auch wenn nichts davon auf Mama zutrifft, weiß ich doch, dass es jetzt nicht mehr lange dauern kann, bis sie den Weg nach Hause findet.

Zwei Wochen später sitze ich auf meinem Weg zur Schule in der Straßenbahn, als mir die Schlagzeile auf der Titelseite der *Täglichen Wahrheit* ins Auge fällt. Bruhah, der große und mächtige Bruhah, Stellvertreter des Ministerpräsidenten, ist verhaftet worden.

Im Ministerrat haben sich Kruschka und Malarkow gegen ihn ausgesprochen. Wie aus heiterem Himmel sind Soldaten in den Ratssaal eingedrungen, um ihn zu verhaften. Die Zeitung schreibt, er sei ein Verräter. Seit vierzig Jahren schon. Er habe mit ausländischen Mächten gegen das Vaterland konspiriert und Komplotte geschmiedet, um das Ende des Kommunismus und die Rückkehr zum Kapitalismus herbeizuführen. Er habe geplant, die Armee des Landes zu entwaffnen und die Macht zu ergreifen.

Auf der Titelseite der *Täglichen Wahrheit* ist ein großes Foto zu sehen: Die Überschrift lautet: *Bei seiner Verhaftung wegen Landesverrat lässt der Faschist Bruhah beschämt den Kopf hängen.*

Das Foto beweist es. Er lässt tatsächlich den Kopf hängen. Und er sieht beschämt aus. Man muss kein Anwalt sein, um zu wissen, dass es nicht besonders gut um einen steht, wenn Volksverhetzung und Verrat in der Anklageschrift stehen.

Doch wer immer der Mann auch ist, Bruhah ist es nicht. Nicht der echte Bruhah. Nicht der, den ich kenne.

Dieser Mann ist schlanker, größer, hat mehr Haar auf dem Kopf, ein schmaleres Gesicht und dünnere Lippen; und er trägt eine Stahlbrille, keinen Zwicker.

Wie schlampig. Man hat irgendwen fotografiert, der ein bisschen Ähnlichkeit mit Bruhah hat. Keinen richtigen Doppelgänger. Und er sieht ihm eigentlich nicht mal besonders ähnlich. Allerdings frage ich mich jetzt, was mit dem echten Bruhah ist. Wird er nun noch sein Versprechen halten und für die Rückkehr von Mama und Papa sorgen?

★

Meist habe ich den Wodsch von Weitem, morgens und abends gesehen, jetzt aber seit Tagen nicht mehr, nicht bei den Bänken vorm Zoo.

»Entschuldigen Sie«, frage ich Lemkow, »aber wo ist der Herrscher abgeblieben?«

»Ach ...«, erwidert Lemkow. »Der Herrscher ...« Er blickt bekümmert auf seine Füße, scharrt mit den Schuhen. »Das ist eine lange Geschichte.«

»Geht es ihm nicht gut?«

Lemkow schaut beiseite, schluckt schwer, denkt nach und spuckt dann neben meine Schuhe. »Hinsichtlich des Herrschers gibt es diverse Neuigkeiten, manche erbaulich, andere entmutigend, manch froh, manch traurig ...«

»Erzählen Sie mir die traurigen zuerst.«

»Er ist nicht mehr.« Lemkow nickt energisch. »Da kann man nicht drum herum reden. Er ist steinkalt, entseelt, entschlafen, verschieden, von uns gegangen, mausetot oder doch immerhin so tot wie ein Fossil. Einen wie ihn wird es nie wieder geben.«

»Was ist passiert?«

»Letzte Woche hatten es ein paar Schläger auf ihn abgesehen. Haben ihm Mantel und Stiefel geklaut und ihn dann in den Teich geworfen. Es war eine eisige Nacht. Wir haben gesehen, wie er ins Wasser fiel und nicht wieder rauskam.«

»Ermordet? Wegen alter Stiefel und einem lumpigen Mantel?«

»Er hat den starken Mann markiert. Hat den Leuten gesagt, was sie tun sollen, und damit gedroht, sie erschießen zu lassen. Wollte sie für fünfzehn Jahre oder länger ins Kalte Land deportieren. Hat ihre Sachen genommen. Behauptete, es sei Staatseigentum. Das kommt nicht gut an. So benimmt sich kein Genosse. Ist nicht sozialistisch. Dagegen haben die Leute was. Das geht ihnen auf die Nerven ... Ist ja verständlich. Wer auf der Straße lebt, will meist nur Wodka, nicht zusätzliche Steuern. Wir wollen weniger, nicht mehr Regierung.«

»Und die guten Neuigkeiten?«, frage ich schniefend. Gegen mein besseres Wissen kommen mir die Tränen, verschmieren mir die Wangen, verschleiern meinen Blick. Der Wodsch war ein schwieriger Mensch, gar keine Frage. Aber auf seine raue Weise hat er sich auch um mich gekümmert und wurde mein Freund.

»Die gute Neuigkeit«, sagt Lemkow, »ist die, dass der verrückte, demente alte Dreckskerl keine Schmerzen mehr leidet.«

»Ja«, erwidere ich. »Er war sicher nicht mehr seines Lebens froh, jedenfalls nicht gegen Ende.«

Lemkow erzählt mir die ganze Geschichte.

»Der gelbe Zwerg hat uns immer Geld gegeben, damit wir uns um den Herrscher kümmern. Sagte, er würde uns verhaften lassen, sollte dem Mann was zustoßen. Aber dann hat er sich nicht mehr blicken lassen. Und es gab kein Geld mehr.« Er reibt leere Finger am nackten Daumen, sieht mir erwartungsvoll ins Gesicht, dann auf meine Tasche.

»Ich habe bloß siebenunddreißig Kopeken.«

»Jedes bisschen hilft.« Seine Hand schließt sich um die Münzen, sperrt sie in die Faust. »Mich selbst hat der Alte nicht sonderlich gestört, auch wenn er sich aufführte, als sei er der Zar von Großrussland, uns anschrie, dämliche Titel verlieh und idiotische Arbeiten befahl. Jedenfalls nicht, solange ich dafür bezahlt wurde, ein Auge auf ihn zu haben ...

Wäre ich noch Psychiater wie früher, hätte ich bei ihm paranoide Schizophrenie diagnostiziert. Er hielt sich für einen großen, mächtigen Mann und glaubte, die Welt wolle ihm übel mitspielen. Das wurde noch verstärkt durch vaskuläre Demenz sowie durch die destruktiven Folgen einer Reihe von Schlaganfällen. Außerdem litt er am Korsakow-Syndrom – was ihn daran hinderte, sich irgendwas Neues merken und in seinem Leben noch dazulernen zu können ...

Aber der Alltag ist hart. Die Straße ist kein freundlicher Ort. Sie kennt kein Sanatorium. Keine Nervenheilanstalt. Die Verrückten müssen für sich selbst sorgen, genau wie die Normalen, die Säufer, die Geächteten und Süchtigen.

Wir können kaum ein Feuer machen und uns einen Tee

kochen. Ebenso wenig können wir eine psychiatrische Klinik eröffnen oder eine sichere Bleibe für wahnsinnige, alte Misanthropen, die glauben, die Welt zu beherrschen. Wir erzählen uns gegenseitig unsere Probleme, zeigen Mitgefühl. Wir helfen, wenn wir können, aber wir bieten keine systematische Arzneimittelbetreuung und keine Elektrokrampftherapie, keine Sprechtherapie oder Lobotomie …«
Ich lege meine Hand auf Lemkows Arm. »Leben Sie wohl, Genosse«, sage ich und wünsche ihm einen guten Tag und ein gutes Leben.

Im Stillen denke ich allerdings: *Wer weiß?* Bei dem Wodsch konnte man sich nie sicher sein. Er war ein zäher alter Vogel, und es braucht mehr als Tod durch Vergiften, Erfrieren, Ertrinken oder einen Schlaganfall, um ihm den Garaus zu machen. Der Mann hat mehr Leben als eine Katze.
Vielleicht ist er ans andere Ufer geschwommen, hat sich an einem Feuerchen aufgewärmt und seiner Liste – Leute, die erschossen gehören – zwei Namen hinzugefügt, um sich dann woanders hinzubegeben. Gorki-Park? Spatzenhügel? Gewölbe des Unbekannten Märtyrers?
Er hat schon einmal die Macht ergriffen. Und er ist älter geworden, wenn auch nicht klüger. Er weiß, wie man es anstellen muss. Möglicherweise würde es ihm nicht erneut gelingen, die Union der Sowjetrepubliken oder ein ganzes Land zu regieren, aber eine Bande ewiger Säufer

in einem der Parks unserer Hauptstadt könnte er allemal
anführen.

★

Das Leben schreibt sich dir ein. So wie Vandalen Häuser-
wände bekritzeln. Und in seinem Verlauf lernt man eine
Menge, manches nutzlos, anderes wertvoll.

**Auch die größten Menschen haben ihre
Schwächen.**
**In durstigen Zeiten kann man den eigenen Urin
trinken.**
**Die Natur versorgt einen mit Ersatzteilen,
weshalb niemand jeden einzelnen Finger
braucht.**
**Auf seinen Papa sollte man allerdings gut
achtgeben, man hat nur den einen.**
**Selbst das Größte fällt irgendwann in sich
zusammen.**
**Die Liebe ist eine freizügige Verschwenderin
und kennt keinerlei Respekt vor der Partei.**
**Man weiß nie, was Menschen widerfährt – sie
können verschwinden, sich verdoppeln oder
ungeschehen gemacht werden.**
**Nicht die Stimme zählt, sondern derjenige, der
die Stimmen zählt.**
Wo ein Mensch, da ein Problem.
**Schau immer im Sarg nach, ehe du ihn in die
Erde lässt.**

**Der Schriftsteller ist der Ingenieur der
menschlichen Seele.**

Man weiß ja, wie das mit Bibliotheksbüchern ist. Man hat
sie nicht zurückgebracht. Jetzt ist es zu spät. Und weil es
eh schon zu spät ist, wartet man noch ein bisschen länger.
Dann ist es noch später, also schiebt man das Zurückbrin-
gen weiter auf.

Auf diese Weise wird es immer schlimmer. Und je schlimmer es wird, desto schwerer fällt es. Und dann wacht man
eines Tages auf und stellt fest, dass man der Bibliothek
ganze drei Rubel schuldet.

So geht es mir mit dem Brief, mit dem letzten Brief des
Stählernen Genossen. Jenen Brief, den Marschall Bruhah
unbedingt haben wollte …

**Das letzte Testament von Josef Petrowitsch, dem
Stählernen, Generalsekretär des Zentralkomitees,
das seinen Nachfolger benennt**

Er liegt in der Blechschachtel mit meinen Privatsachen,
die ich unterm Bett aufbewahre. Ich muss ihn immer
noch einem Genossen namens Wislow aushändigen.

Ich habe einen Lehrer in der Schule gefragt, der sich in
der Politik auskennt. Und wie sich herausstellte, ist Genosse Wislow keineswegs unbekannt.

Vorname: Michail. Vatername: Andrejewitsch. Hat einen
Sitz im Politbüro und ist Leiter der Kommission für aus-
wärtige Angelegenheiten, was bedeutet, dass er entscheidet, was wir im Ausland tun.

Manchmal hoffe ich, dass der Brief es mir leichtmacht, dass er eigentlich nicht weiter von Bedeutung ist.

Der Umschlag war nicht richtig verschlossen, klebte nur in der Mitte ein bisschen an. Er ließ sich also mit dem Messer öffnen und konnte dann wieder richtig zugeklebt werden. Ich hoffe nur, es steht irgendwas Gewöhnliches darin, was Unwichtiges wie:

Danke fürs Päckchen. Wir sehen uns nächsten Donnerstag.

Oder:

Tut mir leid, dass Du vom Fahrrad gefallen bist. Hoffe, es geht Dir bald wieder besser.

Dann bräuchte ich mir keine Sorgen mehr wegen der Zustellung oder der schrecklichen Verspätung zu machen. Aber nein, als ich den Brief öffne und einen Blick auf das erste Blatt werfe, werden meine schlimmsten Befürchtungen bestätigt.

Er ist sehr politisch. Sehr persönlich. Namen werden genannt. Vorwürfe erhoben. Beleidigungen ausgeteilt. Verbrechen aufgezählt. Wut flammt auf. Der Charakter diverser Leute wird hinterfragt, alte Wunden werden wieder aufgerissen. Der Stählerne beschreibt seine Kollegen und Freunde mit ziemlich deftigen Worten.

Was Abschiede angeht, ist dieser nicht gerade besonders freundlich.

Ich, Josef Petrowitsch, genannt der Stählerne, erkläre hiermit, dass ich mein Leben der Steigerung des Wohlergehens meines Vaterlandes gewidmet und mich unermüdlich für Freude und Glück meines Volkes eingesetzt habe.

Und doch bin ich auf das Schmerzlichste verraten worden durch das Tun und Treiben meiner sogenannten Genossen, dieser keifenden, zähne-fletschenden Meute von Hyänen.

Hiermit sei bekannt gegeben, dass Marschall Bruhah ein äußerst verkommener, perverser und sadistischer Mensch ist, der sich weder für die Regierung noch für irgendeine Führungsposition eignet; wie jede forensische Untersuchung seines Hauses beweisen wird, ist er ein Vergewaltiger, Mörder und Folterknecht.

Hiermit sei bekannt gegeben, dass Genosse Nikita Kruschka ein barbarischer und niederträchtiger Mensch ist, der die Ermordung und Gefangennahme von abertausend ehrlichen Arbeitern in den Grenzgebieten zu verantworten hat. Diese Grausamkeiten fanden hinter dem Rücken des Generalsekretärs und ohne dessen Wissen oder Genehmigung statt ...

So geht es weiter und weiter. Mit haufenweise *insoferns* und jeder Menge *hiermit-sei-bekannt-gegebens*. Insgesamt sieben Seiten. In krakeliger grüner Schrift. Und er hat für jeden ein böses Wort, für Bulgirow, Malenkow, Motolow, Miokan ...

Er bedauert, dass der Frohsinn der Slawen durch seine barbarischen Kollegen gelitten habe, die dieses oder jenes hinter seinem Rücken trieben, die unter anderem Leute erschießen oder hungern ließen und sie ins Gefängnis warfen. Er schließt den Brief mit den Worten, dass Wislow sich als Einziger eigne, die Partei anzuführen.

Er brennt ein Loch in meine Tasche, dieser Brief, versengt mein Gewissen mit Schuldgefühlen. Und je länger ich die Sache auf sich beruhen lasse, desto schlimmer die Verätzungen.
Vielleicht sollte ich ihn den Behörden übergeben – einem Polizeirevier, der Staatssicherheit, einem Parteibüro.
Ich könnte behaupten: »Habe ich auf der Straße gefunden.« Und dann erklären: »Natürlich habe ich ihn nicht gelesen.«
So würde ich keinen Ärger kriegen.

★

Es war ein steiniger Weg mit schwerer Last. Sie haben mich zermürbt, diese Tage mit den Mächtigen, meine Aushilfszeit in der Geschichte.
Ich finde das Buch, das Papa erwähnt hatte – Trofim Lyssenkos *Die Wissenschaft heutiger Biologie* –, in der obersten Reihe des Regals hinter seinem Schreibtisch. Ein wuchtiger Band – groß wie ein Briefkasten –, dafür aber seltsam leicht.

Mit einer Rasierklinge hat er ein Loch in die Mitte geschnitten und so eine schachtelähnliche Aushöhlung geschaffen. Darin liegen zwei braune Umschläge.

Auf den einen hat Papa in roter Tinte und zweimal unterstrichen *Für Notfälle* geschrieben. Er enthält einen Packen muffig riechender, grüner Banknoten. Währung: US-Dollar. Hunderterscheine. Wert insgesamt: dreitausendfünfhundert. Was – selbst wenn der Dollar nur halb so viel wie der Rubel wert sein sollte – ein ziemlicher Batzen Geld ist. Auf dem zweiten, dickeren Umschlag hat Papa *Valerija* geschrieben, den Vornamen meiner Mutter.

Drinnen steckt ihr Hochzeitsfoto. Mama ist jung mit blondem welligem Haar und einem Lächeln, von dem selbst dem Dezember warm würde. Papa an ihrer Seite blickt ernst drein; mit gestärktem Kragen und in gestreiftem Anzug sieht er älter aus, schlichter, aber glücklich.

Außer diesem Foto enthält der Umschlag alle Papiere und wichtigen Dokumente, sorgsam gefaltet und nach Datum geordnet. Geburtsurkunde, Schulzeugnisse, Mitgliedsausweis der Jungen Pioniere, Nachweis: Ebene 7 im Geigenspiel, Sporturkunden, Abschluss im Medizinstudium, Goldmedaille in Chirurgie, Orden für außergewöhnliche Forschungen auf dem Gebiete der Medizin, Verurteilung nach Artikel 58 wegen Konterrevolution und die Todesurkunde.

Datum: Juli 1951
Ort: Kolyma, Internierungslager
Status: Gefangene
Todesursache: Herzversagen

Ich nehme an, Papa wollte es mir nicht sagen. Er hat wohl geglaubt, es sei zu meinem eigenen Besten.

Ich habe keine Erinnerungen an Mama, nur Hoffnungen, die ich voraussandte, auf dass sie für die Zukunft bewahrt wurden. So wie ein für meinen Namenstag aufbewahrtes Paket. Papa hatte sie mir nicht gänzlich nehmen wollen.

★

Es trifft mich nur wie aus heiterem Himmel. Wie ein Hammerhieb in den Bauch.

Man krümmt sich, windet sich, ist wie betäubt. Der Atem setzt aus. Man kann sich kaum bewegen. Der Körper verweigert sich dem Verstand.

Eine plötzliche, unerwartete Weise, seine Mutter zu verlieren.

Ich weine, natürlich. Dann übernimmt mein krankes Hirn.

Ich habe einen heftigen Anfall, schlage um mich, schürfe mir die Knie auf, schlage mir den Kopf an, beiße mir auf die Lippen.

Am nächsten Tag fühle ich mich etwas besser.

★

Immerhin bleibt mir ja Papa.

Und ich weiß zu schätzen, was ich habe.

Ich habe seine besten Schuhe geputzt. Sie warten auf ihn an der Wohnungstür.

Ich habe sein Bett mit gebügelten Laken bezogen, ihm ein

sauberes Hemd hingelegt und frische Unterwäsche in die Schublade.

Ich weiß, wie es ist, nichts zu essen zu haben und eine Gier nach allem zu verspüren, wonach es einem verlangt. Also habe ich angefangen, etwas von dem zu sammeln, was er am liebsten mag, Köstlichkeiten zur Feier seiner Rückkehr: hundert Gramm Würztabak Marke Puschkin, eine Viertelflasche Kümmelschnaps, ein Glas Pfefferminzbonbons, ein ungeöffnetes Päckchen Tee *Held der Revolution,* ein halbes Pfund Makkaroni aus echtem Hartweizengrieß.

Es ist bloß eine Frage der Geduld. Man darf sich nur nie den Horizont von dunklen Wolken verdüstern lassen. Und so warte ich auf seine Rückkehr – wann immer sie auch sein wird, von wo auch immer.